CONTEÚDO DIGITAL PARA ALUNOS

Cadastre-se e transforme seus estudos em uma experiência única de aprendizado:

1 Escaneie o QR Code para acessar a página de cadastro.

2 Complete-a com seus dados pessoais e as informações de sua escola.

3 Adicione ao cadastro o código do aluno, que garante a exclusividade de acesso.

1493714A8392921

Agora, acesse:

www.editoradobrasil.com.br/leb

e aprenda de forma inovadora e diferente! :D

Lembre-se de que esse código, pessoal e intransferível, é valido por um ano. Guarde-o com cuidado, pois é a única maneira de você utilizar os conteúdos da plataforma.

Editora do Brasil

Mitanga

3
EDUCAÇÃO INFANTIL

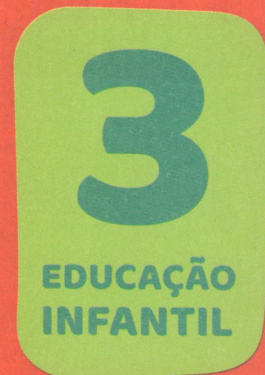

LINGUAGEM

JOSIANE SANSON
MEIRY MOSTACHIO

MITANGA PALAVRA
DE ORIGEM TUPI QUE
SIGNIFICA "CRIANÇA" OU
"CRIANÇA PEQUENA".

1ª EDIÇÃO
SÃO PAULO, 2020

Editora
do Brasil

Dados Internacionais de Catalogação na Publicação (CIP)
(Câmara Brasileira do Livro, SP, Brasil)

Sanson, Josiane
    Mitanga linguagem : educação infantil 3 / Josiane
Sanson, Meiry Mostachio. -- São Paulo : Editora do Brasil, 2020. --
(Mitanga)

    ISBN 978-85-10-08246-4 (aluno)
    ISBN 978-85-10-08247-1 (professor)

    1. Linguagem (Educação infantil) I. Mostachio,
Meiry. II. Título. III. Série.

20-36100   CDD-372.21

Índices para catálogo sistemático:

1. Linguagem : Educação infantil   372.21
 Cibele Maria Dias - Bibliotecária - CRB-8/9427

Direção-geral: Vicente Tortamano Avanso

Direção editorial: Felipe Ramos Poletti
Gerência editorial: Erika Caldin
Supervisão de arte: Andrea Melo
Supervisão de editoração: Abdonildo José de Lima Santos
Supervisão de revisão: Dora Helena Feres
Supervisão de iconografia: Léo Burgos
Supervisão de digital: Ethel Shuña Queiroz
Supervisão de controle de processos editoriais: Roseli Said
Supervisão de direitos autorais: Marilisa Bertolone Mendes

Supervisão editorial: Carla Felix Lopes
Edição: Jamila Nascimento e Monika Kratzer
Assistência editorial: Beatriz Pineiro Villanueva
Auxílio editorial: Marcos Vasconcelos
Especialista em copidesque e revisão: Elaine Silva
Copidesque: Giselia Costa, Ricardo Liberal e Sylmara Beletti
Revisão: Alexandra Resende, Andreia Andrade, Fernanda Sanchez, Flávia Gonçalves, Gabriel Ornelas, Mariana Paixão, Martin Gonçalves e Rosani Andreani

Pesquisa iconográfica: Isabela Meneses
Assistência de arte: Josiane Batista
Design gráfico: Cris Viana/Estúdio Chaleira
Capa: Obá Editorial
Edição de arte: Paula Coelho
Imagem de capa: Luna Vicente
Ilustrações: Bruna Ishihara, Cibele Queiroz, Claudia Marianno, Eduardo Belmiro, Fernanda Monteiro, Marco Cortez, Marcos Machado
Editoração eletrônica: NPublic/Formato Editoração
Licenciamentos de textos: Cinthya Utiyama, Jennifer Xavier, Paula Harue Tozaki e Renata Garbellini
Controle de processos editoriais: Bruna Alves, Carlos Nunes, Rita Poliane, Terezinha de Fátima Oliveira e Valéria Alves

1ª edição / 1ª impressão, 2020
Impresso na Ricargraf Gráfica e Editora Ltda.

Editora do Brasil

Rua Conselheiro Nébias, 887
São Paulo, SP – CEP 01203-001
Fone: +55 11 3226-0211
www.editoradobrasil.com.br

abdr
ASSOCIAÇÃO BRASILEIRA DOS DIREITOS REPROGRÁFICOS
Respeite o direito autoral

A VOCÊ, CRIANÇA!

Preparamos esta nova edição da coleção com muito carinho para você, criança curiosa e que adora fazer novas descobertas! Com ela, você vai investigar, interagir, brincar, aprender, ensinar, escrever, pintar, desenhar e compartilhar experiências e vivências.

Você é nosso personagem principal! Com esta nova coleção, você vai participar de diferentes situações, refletir sobre diversos assuntos, propor soluções, emitir opiniões e, assim, aprender muito mais de um jeito dinâmico e vivo.

Esperamos que as atividades propostas em cada página possibilitem a você muita descoberta e diversão, inventando novos modos de imaginar, criar e brincar, pois acreditamos que a transformação do futuro está em suas mãos.

A boa infância tem hora para começar, mas não para acabar. O que se aprende nela se leva para a vida toda.

As autoras.

CURRÍCULO DAS AUTORAS

JOSIANE MARIA DE SOUZA SANSON

- ▼ Formada em Pedagogia
- ▼ Especialista em Educação Infantil
- ▼ Pós-graduada em Práticas Interdisciplinares na Escola e no Magistério Superior
- ▼ Pós-graduada em Administração Escolar
- ▼ Experiência no magistério desde 1982
- ▼ Professora das redes municipal e particular de ensino
- ▼ Autora de livros didáticos de Educação Infantil

ROSIMEIRY MOSTACHIO

- ▼ Formada em Pedagogia com habilitação em Orientação Escolar
- ▼ Pós-graduada em Psicopedagogia
- ▼ Mestre em Educação
- ▼ Experiência no magistério desde 1983
- ▼ Professora das redes estadual e particular de ensino
- ▼ Ministrante de cursos e palestras para pedagogos e professores
- ▼ Autora de livros didáticos de Educação Infantil e Ensino Fundamental

SUMÁRIO

- Como nos comunicamos com as outras pessoas?
  Observe a cena e circule de **verde** as placas de sinalização e de **vermelho** as palavras.

- Quais placas você circulou? Você sabe o que elas significam?

- Que meios de comunicação aparecem na cena?

- Quais palavras você circulou? Leia-as com a ajuda do professor.

O QUE EU VEJO?

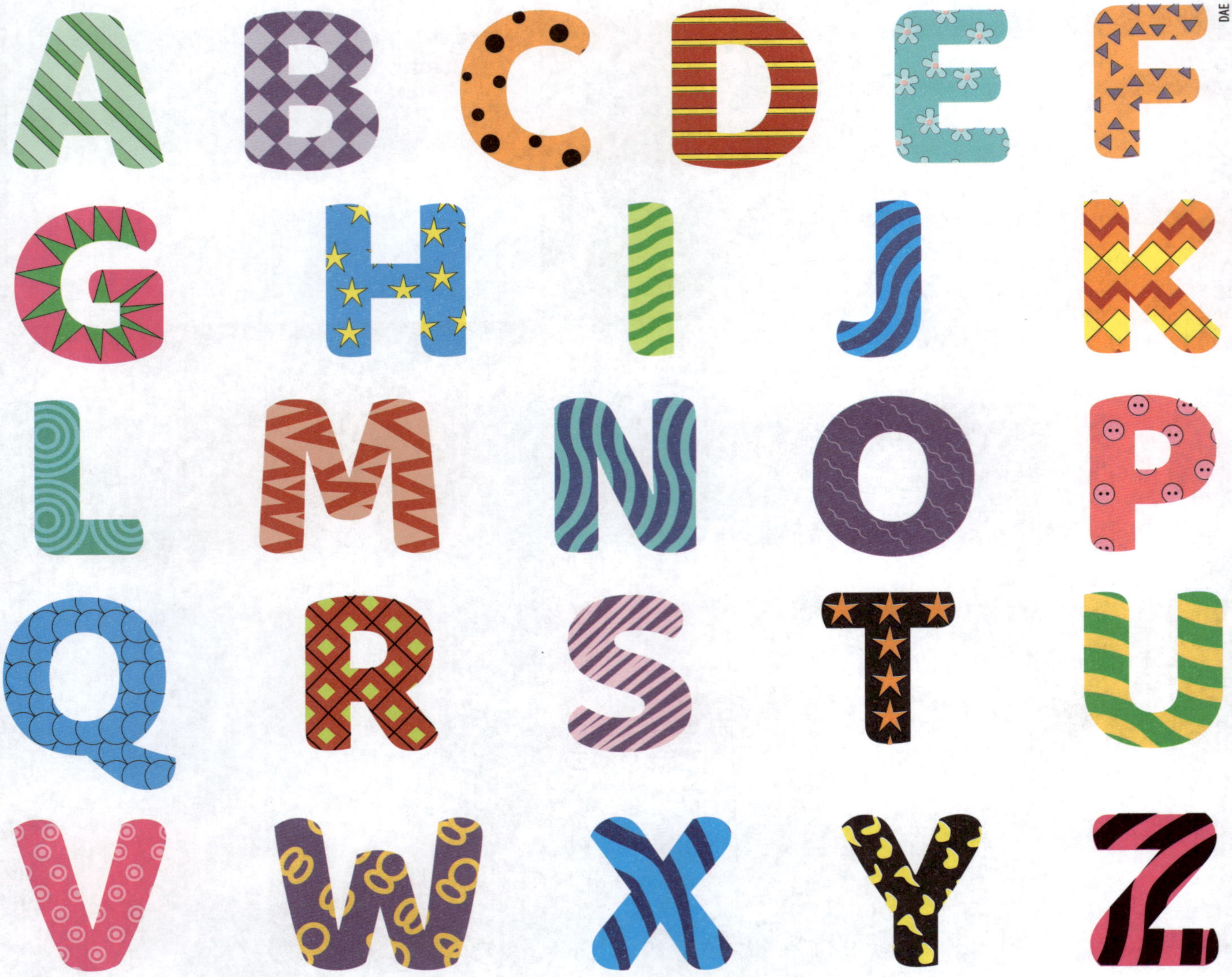
A B C D E F
G H I J K
L M N O P
Q R S T U
V W X Y Z

DAE

▼ Vamos recordar o alfabeto?

Diga em voz alta o nome de cada letra. Depois, escreva uma palavra com as letras do alfabeto e leia-a para os colegas e o professor.

Destaque o alfabeto móvel das páginas 189 e 191 para utilizá-lo nesta e em outras atividades com letras e palavras.

ALÉM DAS PALAVRAS

FALAR PARA APRENDER

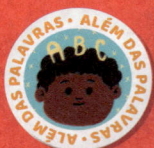

BRUNA ISHIHARA

VAMOS ESCREVER?

SEU NOME

NOME DE UM COLEGA

NOME DE UM ANIMAL

NOME DE UMA COMIDA

Com as letras do alfabeto você pode se comunicar por meio da escrita.

Escreva o que se pede da maneira que souber. Para facilitar, use as letras do alfabeto móvel, monte as palavras e depois copie-as nos quadros.

ALÉM DAS PALAVRAS · ALÉM DAS PALAVRAS ·

FALAR PARA APRENDER · FALAR PARA APRENDER ·

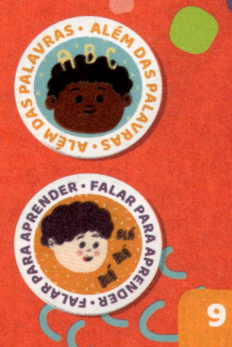

▶ CADA LETRA EM SEU LUGAR

A	B	C	D	E
□	□	□	□	□
F	G	H	I	J
□	□	□	□	□
K	L	M	N	O
□	□	□	□	□
P	Q	R	S	T
□	□	□	□	□
U	V	W	X	Y	Z
□	□	□	□	□	□

▼ Você sabe quantas letras há em nosso alfabeto?

Observe o quadro, conte as letras e numere-as. Depois, faça um **X** na letra inicial do seu nome.

▶ QUANTAS LETRAS?

Volte à página anterior e observe o alfabeto.

▼ Quais letras estão em **verde**?

Diga em voz alta o nome delas.

Depois, faça desenhos que tenham o nome iniciado por essas letras. Troque seu livro com um colega e veja os desenhos que ele fez.

▶ NOVAS PALAVRAS

▼ Você já conhece todas as letras do alfabeto? Relembre-as com o professor.

Observe as figuras da página 193 do encarte e diga o nome delas. Depois, destaque-as, cole-as nos quadros e escreva o nome de cada uma da maneira que souber.

Com canetinha hidrocor, circule a letra inicial de cada palavra.

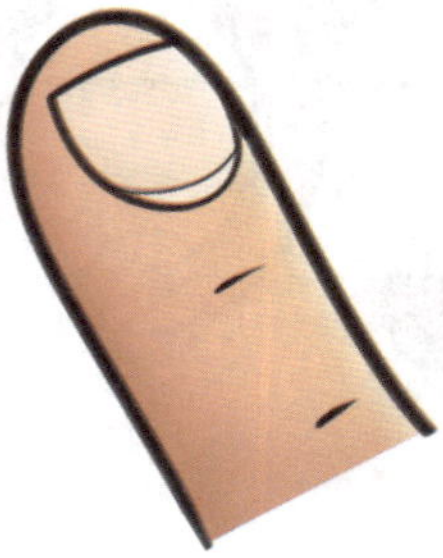

ILUSTRAÇÕES: MARCOS MACHADO

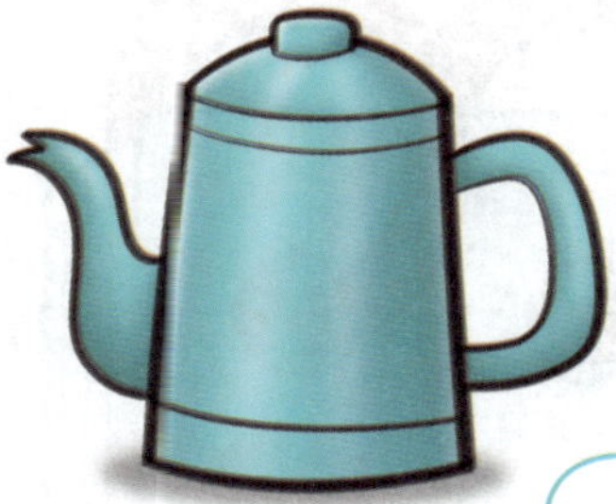

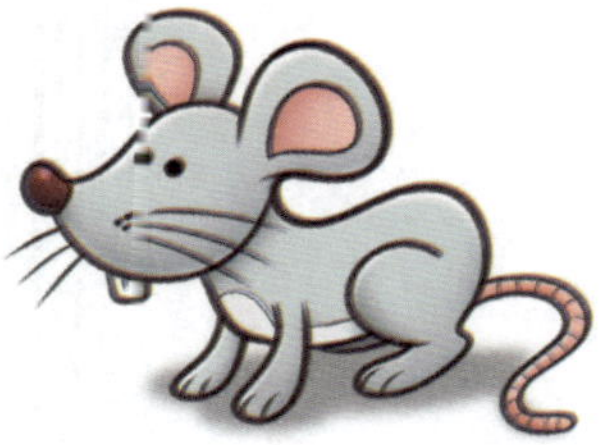

| | C | |
| | | |

| | S | |

| | M | |

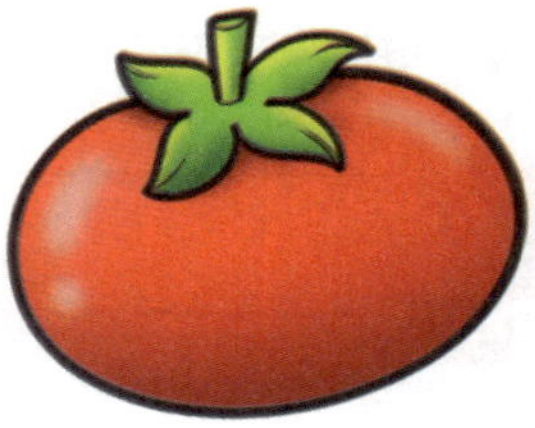

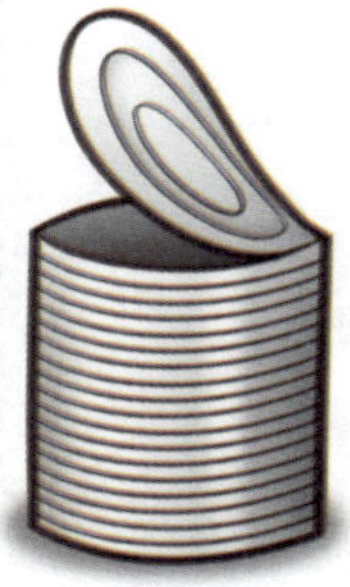

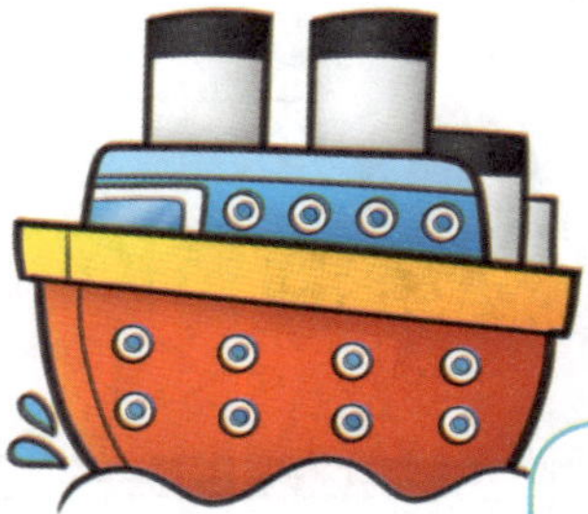

▼ Você já sabe a sequência do alfabeto?

Observe as letras em destaque e faça desenhos cujo nome comece com essas letras.

Depois, complete a sequência com a letra que vem antes e a letra que vem depois delas no alfabeto.

▶ HORA DA PESQUISA

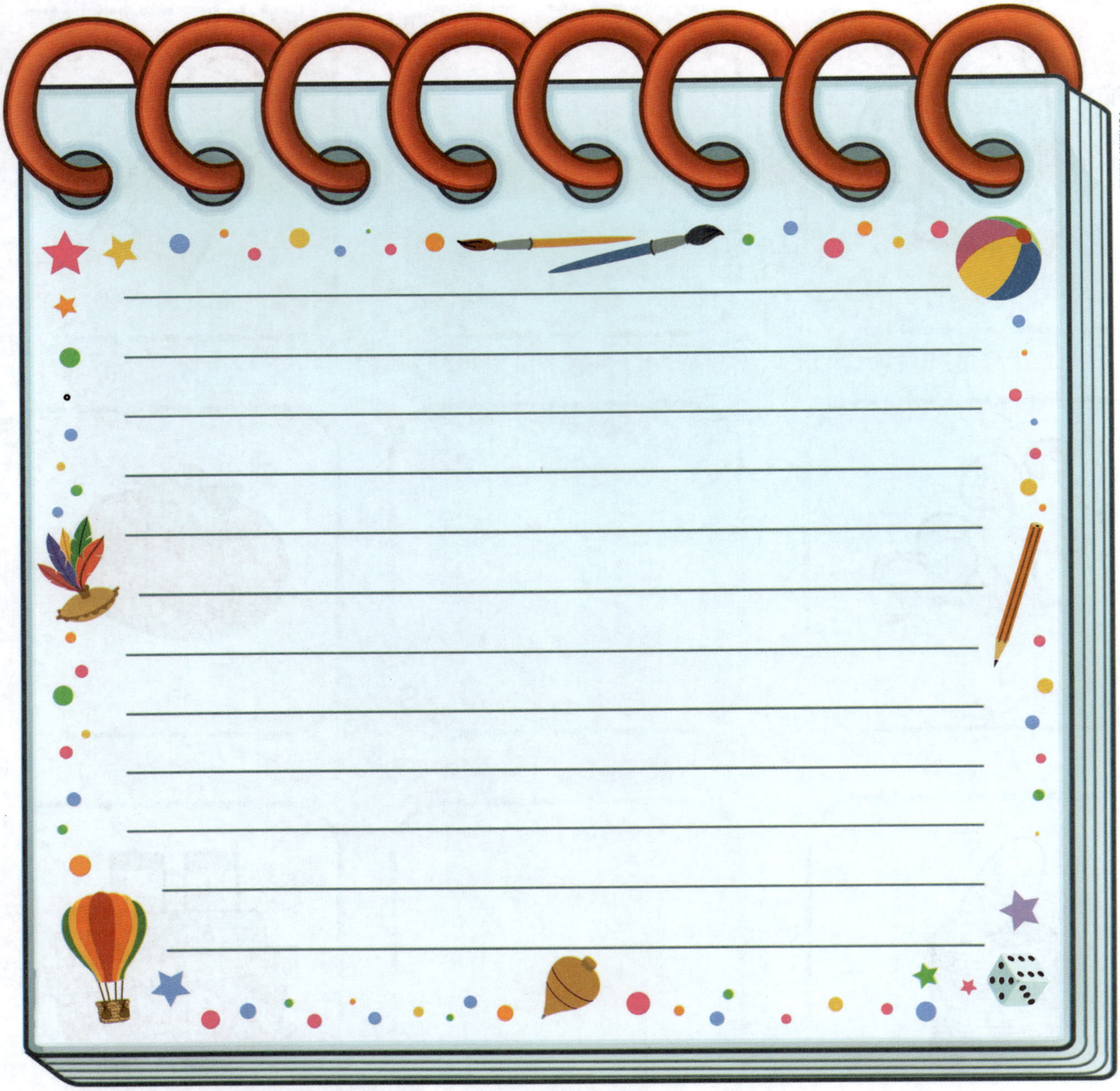

BRUNA ISHIHARA

▼ Onde você encontra letras e palavras no dia a dia?

Com o professor e os colegas, faça um passeio pela escola e escreva no bloco de notas as letras e palavras que encontrar.

▼ Que letras e palavras você anotou?

TAREFA PARA CASA 1

▶ MOMENTO DA HISTÓRIA

HÁ MUITO, MUITO TEMPO, ANTES DE O SER HUMANO SABER CONSTRUIR SUA CASA, AS PESSOAS VIVIAM EM CAVERNAS. NELAS DEIXARAM DESENHOS, REGISTROS DESSE MUNDO ANTIGO: ANIMAIS, CAÇADAS, DANÇAS, MISTERIOSOS RITUAIS.

ANDRE DIB/PULSAR IMAGENS

PINTURAS RUPESTRES EM SÍTIO ARQUEOLÓGICO. CARNAÚBA DOS DANTAS, RIO GRANDE DO NORTE.

Ouça a leitura do texto e observe a imagem.
- ▼ Onde os seres humanos pré-históricos viviam?
- ▼ Como eles se comunicavam?
- ▼ Em sua opinião, o que essa pintura representa?

Com os colegas e o professor, conte uma história com base na pintura.

15

O ser humano da Pré-História registrava o dia a dia por meio de desenhos.

Faça um desenho para representar algo que você fez hoje antes de vir à escola. Depois, mostre-o a um colega.

▼ O colega entendeu seu desenho?

▼ Em sua opinião, é mais fácil se comunicar por meio da escrita ou do desenho?

► BEM-VINDO AO MUNDO DA ESCRITA!

ESCREVI TEU LINDO NOME
NA PALMA DA MINHA MÃO.
PASSOU UM PASSARINHO E DISSE:
— ESCREVE EM TEU CORAÇÃO.

QUADRINHA.

BRUNA ISHIHARA

Ouça a leitura da quadrinha.

▼ Você acha seu nome bonito? O que seu nome representa para você?

▼ Que outro nome você acha bonito?

Escreva na palma da mão ilustrada acima um nome que você acha bonito. Mostre aos colegas e ao professor o nome que você escreveu e diga por que o escolheu.

TUDO TEM UM NOME

O CAÇADOR DE NOMES

CADA COISA TEM UM NOME.
COLOCO EM MINHA BAGAGEM
UM POUQUINHO DE CORAGEM E ATRAVESSO

A _____

PARA DESCOBRIR OS NOMES DAS COISAS.

[...]

_____

DE ASAS BRILHANTES,
QUE NOME VOCÊ TEM?
— ESTOU OCUPADA, VOANDO, VOANDO,
NÃO POSSO PARAR, PARAR DE VOAR.

_____

DO PULO GRANDE,
QUE NOME VOCÊ TEM?
— SÓ POSSO PULAR, SÓ POSSO PULAR
NÃO POSSO FALAR, NÃO POSSO FALAR [...].

ILUSTRAÇÕES: MARCOS MACHADO

ROSEANA MURRAY. **CASAS**. SÃO PAULO:
FORMATO EDITORIAL, 2009. P. 33 E 34.

▼ Em sua opinião, é importante que as coisas tenham nome?
▼ Para que servem os nomes?

   Acompanhe a leitura do poema e observe as imagens.
Depois, escreva o nome delas nas linhas da maneira que
souber.

TAREFA PARA CASA 2

LETRAS E PALAVRAS

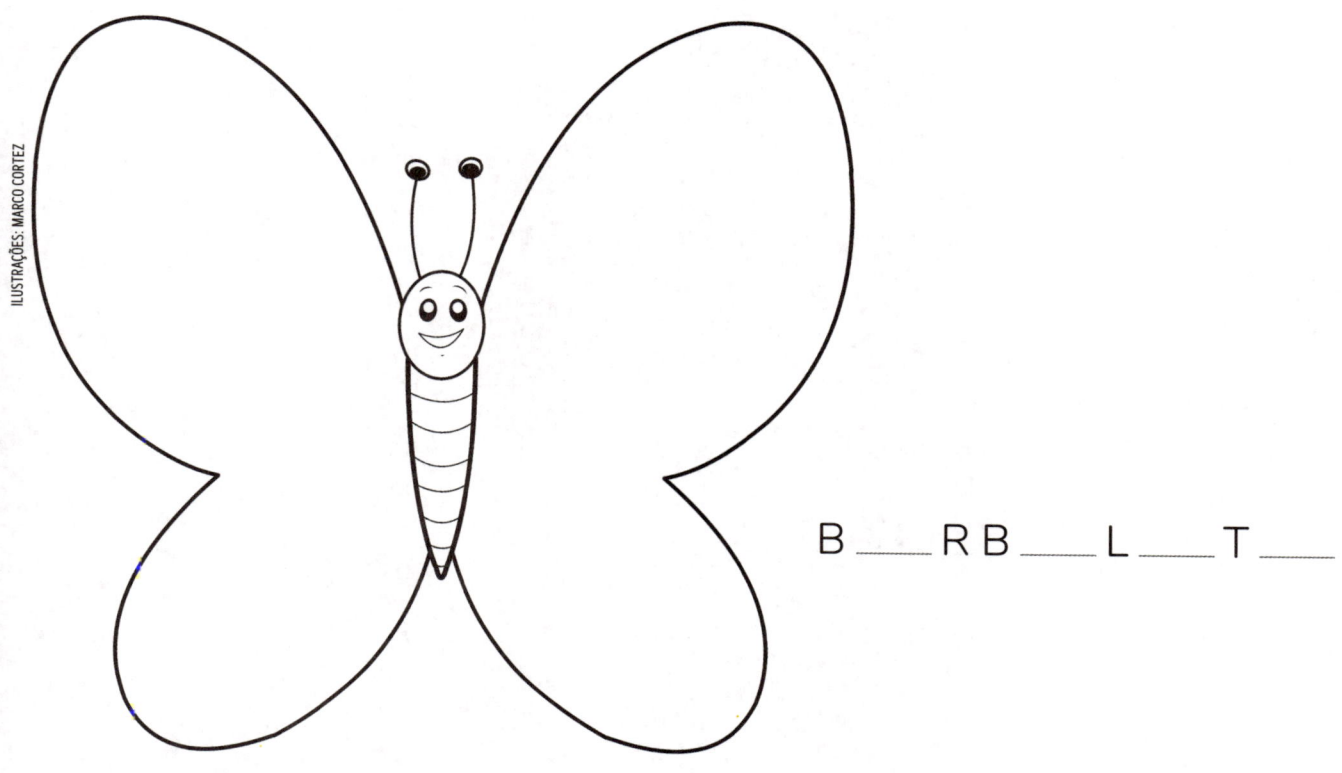

ILUSTRAÇÕES: MARCO CORTEZ

B___RB___L___T___

GR___L___

▼ Quais letras estão faltando nessas palavras?

Observe a escrita das palavras e complete os nomes com as letras que faltam.

Depois, pinte os desenhos, cole pedacinhos de papel colorido nas asas da borboleta e faça pinguinhos de cola colorida no grilo.

QUANTAS CORES! QUANTAS ESPÉCIES!

BORBOLETÁRIO FLORES QUE VOAM

[...] O BORBOLETÁRIO **FLORES QUE VOAM** É UMA ÓTIMA OPÇÃO DE PASSEIO JUNTO À NATUREZA DE CAMPOS DO JORDÃO.

[...] EM MEIO À MATA, NO CAMINHO DO HORTO FLORESTAL, UMA ESTUFA ABRIGA CERCA DE 35 ESPÉCIES DE BORBOLETAS NATIVAS DA REGIÃO, QUE VIVEM EM UM AMBIENTE CALMO E HARMONIOSO. [...]

CRISTIANO TOMAZ. BORBOLETÁRIO FLORES QUE VOAM. *IN*: **GUIA DE CAMPOS DO JORDÃO**. CAMPOS DO JORDÃO, 30 JUN. 2016. DISPONÍVEL EM: WWW.GUIADECAMPOSDOJORDAO.COM.BR/CAMPOS-DO-JORDAO-PASSEIOS/BORBOLETARIO-FLORES-QUE-VOAM.HTML. ACESSO EM: 27 FEV. 2020.

1

PONTO-DE-LARANJA

2

OLHO-DE-CORUJA

3

MONARCA

4

FETUSA

▼ Você sabe o que é um borboletário? Já visitou algum?

Ouça a leitura do professor. Depois, destaque as figuras da página 177 do encarte e cole as borboletas acima de seus nomes, relacionando-as aos números.

Escolha uma das borboletas que você colou e, em uma folha à parte, escreva algumas informações sobre ela.

OUTRAS FORMAS DE SE COMUNICAR

VOCÊ JÁ PERCEBEU QUE HÁ DIFERENTES FORMAS DE COMUNICAÇÃO? PODEMOS NOS COMUNICAR PELA FALA, PELA ESCRITA, POR MEIO DE GESTOS E SINAIS.

▼ Como essas pessoas estão se comunicando?

Observe as imagens e converse com os colegas e o professor.

Depois, circule a imagem em que uma pessoa se comunica pela escrita e marque um **X** na imagem que mostra a comunicação por meio de gestos.

▼ O que esse gesto significa?

▶ MÃOS QUE FALAM!

VOCÊ SABIA QUE AS PESSOAS SURDAS PODEM SE COMUNICAR POR MEIO DE **LIBRAS**, A LÍNGUA BRASILEIRA DE SINAIS?

VEJA COMO É O ALFABETO EM LIBRAS. CADA SINAL REPRESENTA UMA LETRA.

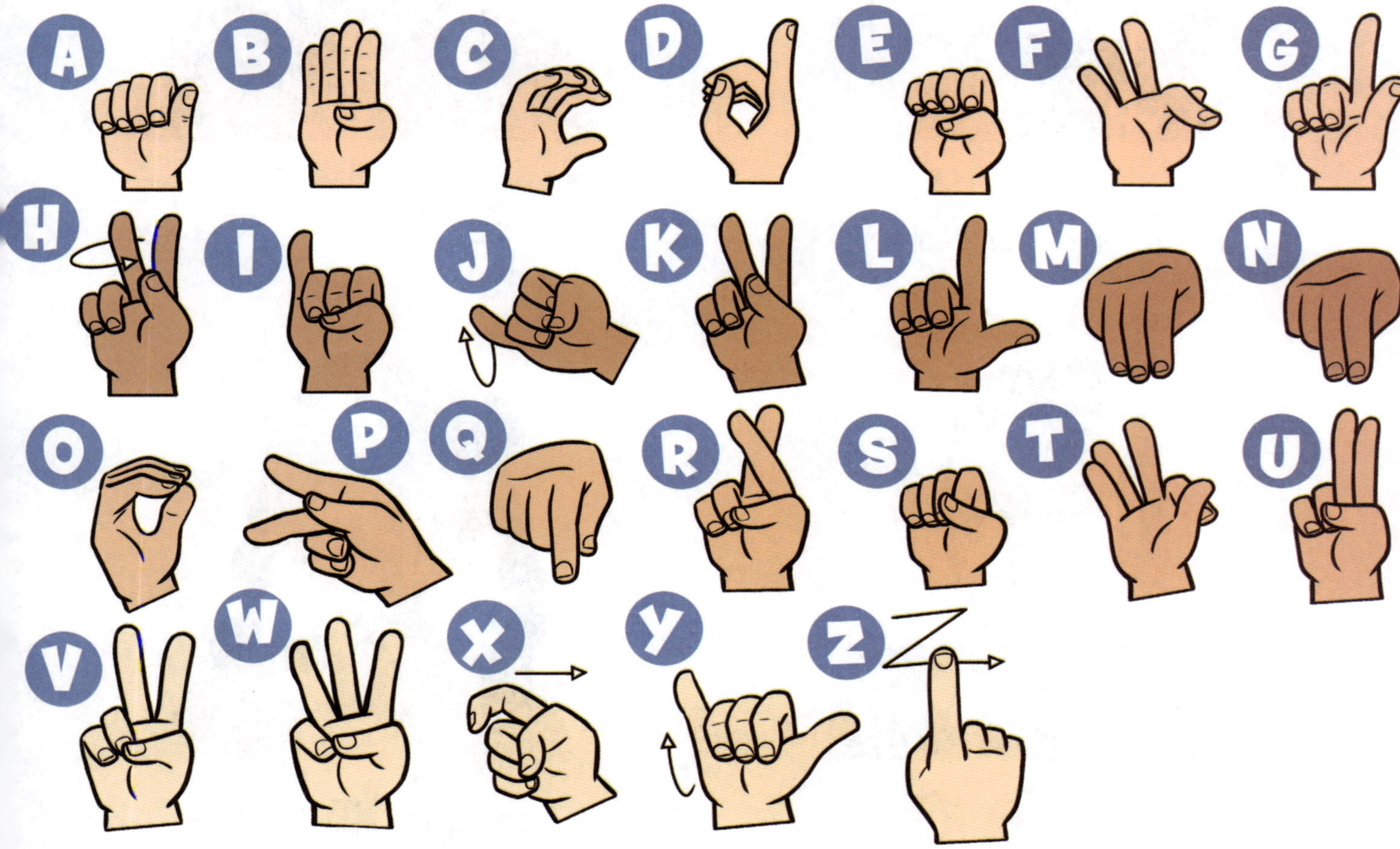

MARCO CORTEZ

▼ Você conhece esses sinais?

Ouça a leitura do professor e, juntos, façam os sinais do alfabeto manual de Libras. Depois, diga seu nome usando os sinais do alfabeto.

▶ COMO SE CHAMAM?

GIULIO FORNASAR/ISTOCKPHOTO.COM

____ ____ ____ ____

DAXIAO PRODUCTIONS/SHUTTERSTOCK.COM

ILUSTRAÇÕES: MARCO CORTEZ

____ ____ ____ ____ ____ ____

LOPOLO/SHUTTERSTOCK.COM

____ ____ ____ ____

KAMIRA/SHUTTERSTOCK.COM

____ ____ ____ ____ ____

▼ Como se diz o nome dessas crianças em Libras?
Observe os sinais e escreva as letras
correspondentes para descobrir o nome de cada uma.

▶ CONVERSANDO EM LIBRAS

EM LIBRAS, ALÉM DO ALFABETO, HÁ SINAIS QUE REPRESENTAM PALAVRAS E EXPRESSÕES.

OI!

_____

ILUSTRAÇÕES: CLAUDIA MARIANINO

TUDO BEM?

_____

Observe as imagens e preste atenção a esses sinais de Libras.

▼ O que as crianças estão dizendo?

Copie as palavras. Depois, com a ajuda do professor, faça os sinais e cumprimente os colegas em Libras.

▶ OUTRAS LÍNGUAS, OUTROS MODOS DE ESCREVER

OBSERVE A ESCRITA DO MESMO NOME EM DIFERENTES LÍNGUAS.

ILUSTRAÇÕES: CLAUDIA MARIANNO

PEDRO

PIERRE

PETER

PIETRO

P ___ D R ___

▼ Qual é o nome desses meninos?

▼ De que país eles são?

Observe as imagens e leia os nomes com o professor.
Depois, complete o nome **PEDRO** com as letras que faltam.

▼ O que você identifica de semelhante na escrita dos nomes?

▶ UMA PALAVRA PUXA OUTRA

ILUSTRAÇÕES: EDUARDO BELMIRO

BOLA  ⟶ BOL____   [E] [O]

PATO  ⟶ ____ATO   [R] [B]

GATO  ⟶ GA____O   [F] [L]

COLA  ⟶ ____OLA   [M] [D]

▼ Você sabia que trocando apenas uma letra formamos uma nova palavra?

Leia as palavras com o professor. Depois, pinte a letra que falta e copie-a para completar as palavras.

▼ Quais letras você trocou para formar cada palavra?

▶ OUTRAS CULTURAS, MUITAS PALAVRAS

VOCÊ SABIA QUE MUITAS PALAVRAS DA NOSSA LÍNGUA TÊM ORIGEM AFRICANA E INDÍGENA?

PETECA   CAFUNÉ   PERERECA   ANGU
TATU   SAMBA   QUITUTE   TUCANO

▼ Você conhece palavras de origem africana ou indígena?

Leia as palavras e copie-as nos quadros correspondentes. Dica: as palavras em **verde** são de origem indígena e as palavras em **laranja** são de origem africana.

▼ Você sabe o significado dessas palavras?

▶ QUANTOS QUITUTES!

ACARAJÉ, ABARÁ,
CANJICA, CARURU, MUNGUNZÁ,
PIMENTA E AZEITE-DE-DENDÊ PARA TEMPERAR.

NO TABULEIRO DA BAIANA
SÃO TANTOS OS QUITUTES
QUE NÃO CONSIGO NEM CONTAR... [...].

SONIA ROSA. **O TABULEIRO DA BAIANA**.
RIO DE JANEIRO: PALLAS, 2009. P. 11.

C A N J___ C___   C___ R___ R U

▼ Você sabe o que são quitutes?

▼ Já experimentou alguma comida de origem africana?

Ouça a leitura do texto, observe as imagens e complete os nomes com as letras que faltam.

Depois, escreva como souber o nome de um quitute de que você gosta.

▶ A LENDA DA MANDIOCA

HÁ MUITO TEMPO, EM UMA TRIBO TUPI, NASCEU UMA INDIAZINHA DE PELE MUITO BRANCA, CHAMADA MANI. ELA ERA MUITO ALEGRE, MEIGA E QUERIDA POR TODA A TRIBO.

UM DIA, MANI FICOU MUITO DOENTE. O PAJÉ FOI CHAMADO E FEZ TUDO O QUE PODIA, MAS ELA NÃO RESISTIU. OS PAIS DA MENINA A ENTERRARAM DENTRO DA OCA, COMO ERA O COSTUME, E TODA A TRIBO REGOU O LOCAL COM LÁGRIMAS DE SAUDADE.

DIAS DEPOIS, NASCEU ALI UMA PLANTA CUJA RAIZ ERA MARROM POR FORA E MUITO BRANCA POR DENTRO, COMO A PELE DE MANI. A MÃE DELA, ENTÃO, DEU À RAIZ O NOME **MANIOCA**, JUNÇÃO DE "MANI" E "OCA". COM O TEMPO O NOME SE TRANSFORMOU E HOJE DIZEMOS "MANDIOCA".

TEXTO ESCRITO ESPECIALMENTE PARA ESTA OBRA.

▼ Você sabe o que é uma lenda?

▼ Qual é a origem da palavra **MANDIOCA**?

Ouça a leitura da lenda e copie no quadro a palavra **MANDIOCA**. Depois, faça um desenho para ilustrar o texto.

▶ FAZENDO RIMAS

PIPOCA

FEIJÃO

MANDIOCA

SORVETE

MINHOCA

TAPIOCA

CAMELO

▼ Você sabe o que é rima?
Observe as imagens e leia as palavras com o professor.
▼ Em quais delas o som final é igual ao da palavra **MANDIOCA**?
Ligue a mandioca às imagens cujos nomes rimam com o dela.

UNIDADE 2

QUEM CANTA SEUS MALES ESPANTA!

FERNANDA MONTEIRO

- O que as crianças estão fazendo?
- Você gosta de cantar?

Observe a imagem e cante com o professor as cantigas populares que estão na página 179 do encarte.

Depois, destaque e cole uma delas para completar a cena.

- Qual música você escolheu?

Forme um grupo com os colegas que escolheram a mesma música que você e prepare uma apresentação musical para os colegas e o professor.

VAI ABÓBORA

VAI ABÓBORA, VAI MELÃO
VAI MELÃO, VAI MELANCIA
VAI JAMBO, SINHÁ, VAI JAMBO, SINHÁ
VAI JAMBO, SINHÁ MARIA.

QUEM QUISER APRENDER A DANÇAR
VAI À CASA DO JUQUINHA:
ELE PULA, ELE DANÇA,
ELE FAZ REQUEBRADINHA.

CANTIGA.

MELÃO	SINHÁ
MELANCIA	MAMÃO
MARIA	REQUEBRADINHA
JUQUINHA	MARACUJÁ

▼ Você conhece a cantiga **Vai abóbora**?
Cante-a com o professor e acompanhe a letra.
▼ Que frutas são citadas?
▼ Onde é possível aprender a dançar?
Leia as palavras dos quadros com o professor e pinte da mesma cor as palavras que rimam. Depois, faça um desenho ao lado da cantiga para ilustrá-la.

QUAL É A MÚSICA?

B S O U E Q

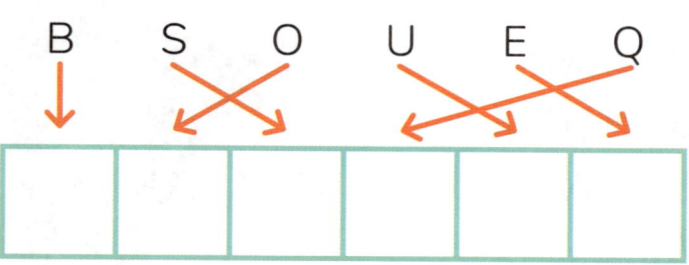

N A O J

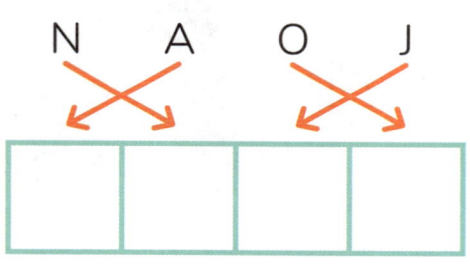

O R C A Ã Ç O

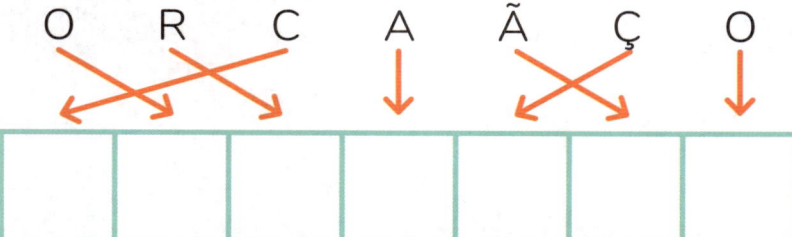

▼ Você conhece outras cantigas de roda?
Desembaralhe as letras e forme três palavras.

▼ Você conhece alguma cantiga que tenha essas palavras?

Veja na próxima atividade qual é a cantiga.

QUE RUA É ESSA?

NESTA RUA

NESTA RUA, NESTA RUA
TEM UM BOSQUE
QUE SE CHAMA, QUE SE CHAMA
SOLIDÃO
DENTRO DELE, DENTRO DELE
MORA UM ANJO
QUE ROUBOU, QUE ROUBOU
MEU CORAÇÃO.

SE EU ROUBEI, SE EU ROUBEI
TEU CORAÇÃO,
TU ROUBASTE, TU ROUBASTE
O MEU TAMBÉM.
SE EU ROUBEI, SE EU ROUBEI
TEU CORAÇÃO,
É PORQUE, É PORQUE
TE QUERO BEM!

CANTIGA.

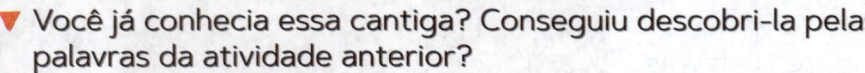

RUA

ANJO

SOLIDÃO

CORAÇÃO

CIBELE QUEIROZ

▼ Você já conhecia essa cantiga? Conseguiu descobri-la pelas palavras da atividade anterior?

Cante-a com os colegas e o professor fazendo gestos. Depois, observe a ilustração, encontre no caminho da rua duas palavras que rimam e circule-as.

▶ DESENHANDO COM MÚSICA

▼ Você já experimentou desenhar enquanto escuta uma música?
Ouça as cantigas que o professor colocará para tocar. Enquanto as escuta, solte a imaginação e faça um desenho bem bonito.
Depois, escreva como souber um título para ele.

▶ UMA HISTÓRIA CANTADA

A TARTARUGUINHA

OUVI CONTAR UMA HISTÓRIA,
UMA HISTÓRIA ENGRAÇADINHA,
DA TARTARUGUINHA,
DA TARTARUGUINHA.
HOUVE UMA FESTA LÁ NO CÉU,
MAS O CÉU ERA DISTANTE
E A TARTARUGUINHA VIAJOU
NA ORELHA DO ELEFANTE.

QUANDO A FESTA TERMINOU
A BICHARADA SE MANDOU
QUEM VIU A TARTARUGUINHA,
QUEM VIU?
LÁ DO CÉU ELA CAIU.

SÃO PEDRO O CÉU VARREU
E DA POBREZINHA SE ESQUECEU!
ELA DISSE:

– EU QUEBREI TODA!
MEU CORPINHO ESTÁ DE FORA.
COMO É QUE EU VOU FAZER, PAI DO CÉU,
COMO VOU VIVER AGORA?

PAI DO CÉU JUNTOU OS CAQUINHOS
COLOU...
MAIS BONITA ELA FICOU!

CIBELE QUEIROZ

EDITH SERRA. **A TARTARUGUINHA**. DISPONÍVEL EM: WWW.YOUTUBE. COM/WATCH?V=ZBJ7BA5WDR0. ACESSO EM: 2 MAR. 2020.

Ouça a história cantada pelo professor e descubra o que aconteceu com a tartaruguinha.

Depois, cante a cantiga fazendo gestos de acordo com a história.

▼ Você conhece outras palavras que iniciam com a mesma letra da palavra **TARTARUGUINHA**?

Escreva-as em uma folha à parte.

▶ A HISTÓRIA DA TARTARUGUINHA

1

2

3

4

▼ Você se lembra da história da tartaruguinha?

Em cada quadro, faça um desenho para contar a história dela. Se quiser, você também pode escrevê-la como souber.

COM QUE LETRA COMEÇA?

FESTA
CÉU
BICHARADA
PAI

▼ Quais são as letras iniciais dessas palavras?

Leia-as com o professor. Depois, destaque as figuras da página 193 do encarte, classifique-as de acordo com a letra inicial e cole-as nos quadros correspondentes.

ALÉM DAS PALAVRAS

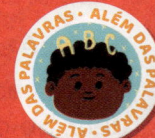

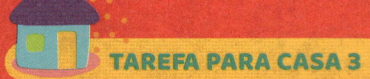

TAREFA PARA CASA 3

▶ CANTE E BRINQUE

CIRANDA, CIRANDINHA

CIRANDA, CIRANDINHA,
VAMOS TODOS CIRANDAR.
VAMOS DAR A MEIA-VOLTA,
VOLTA E MEIA VAMOS DAR.
O ANEL QUE TU ME DESTE
ERA VIDRO E SE QUEBROU,

O AMOR QUE TU ME TINHAS
ERA POUCO E SE ACABOU.
POR ISSO, (NOME DA CRIANÇA),
FAZ FAVOR DE ENTRAR NA RODA.
DIGA UM VERSO BEM BONITO,
DIGA ADEUS E VÁ EMBORA.

CANTIGA.

CIRANDA

▼ Você já brincou de "Ciranda, cirandinha"?

Com a ajuda do professor, aprenda alguns versos e brinque de roda com os colegas.

▼ Com que letra começa a palavra **CIRANDA**?

Escreva no quadro outras palavras que começam com essa letra.

▶ CADA LINHA, UM VERSO

1. VOCÊ ME MANDOU CANTAR,
2. PENSANDO QUE EU NÃO SABIA,
3. **POIS EU SOU QUE NEM CIGARRA**,
4. CANTO SEMPRE TODO DIA.

1. AS ESTRELAS NASCEM NO CÉU,
2. **OS PEIXES NASCEM NO MAR,**
3. EU NASCI AQUI NESTE MUNDO
4. SOMENTE PARA TE AMAR!

1. **CHOVE, CHUVA MIUDINHA,**
2. NA COPA DO MEU CHAPÉU
3. ANTES UM BOM CHUVISQUINHO,
4. DO QUE CASTIGO DO CÉU.

QUADRINHAS.

▼ Você sabia que cada linha da quadrinha é chamada de **verso**?
Acompanhe a leitura das quadrinhas com o professor.
Depois, conte quantos versos elas têm e faça um desenho para
representar o verso destacado de cada quadrinha.

▶ BRINCANDO DE RIMAR

VOCÊ ME MANDOU CANTAR,
PENSANDO QUE EU NÃO SABIA,
POIS EU SOU QUE NEM CIGARRA,
CANTO SEMPRE TODO DIA.

QUADRINHA.

CIBELE QUEIROZ

VOCÊ ME MANDOU FALAR,
PENSANDO QUE EU NÃO CONSEGUIRIA,
POIS EU SOU QUE NEM PAPAGAIO,

MANIA

FALO DE TUDO COM _____.

VOCÊ ME MANDOU ESTUDAR,
PENSANDO QUE EU SÓ BRINCARIA,
POIS EU SOU RESPONSÁVEL,

ENERGIA

ESTUDAR PRA MIM VIROU _____.

VOCÊ ME MANDOU BRINCAR,
PENSANDO QUE EU CANSARIA,
POIS EU SOU FORTE O BASTANTE,

ALEGRIA

TENHO MUITA _____.

▼ Você percebeu que as quadrinhas têm rimas?
Leia com o professor a primeira quadrinha e identifique as palavras que rimam. Depois, leia as outras quadrinhas e complete-as com as palavras que rimam de acordo com as cores indicadas.

▶ TREINANDO A ESCRITA

EU SOU PEQUENINA
DO TAMANHO DE UM BOTÃO.
CARREGO PAPAI NO BOLSO
E MAMÃE NO CORAÇÃO.

QUADRINHA.

Acompanhe a leitura da quadrinha e circule as palavras que rimam.

▼ Como essas palavras terminam?

Destaque da página 177 do encarte as figuras cujos nomes rimam com as palavras circuladas na quadrinha. Cole-as nos quadros acima e escreva como souber o nome delas.

▶ FAZENDO MÚSICA

LARANJA BAIANA QUE VIRA PÓ,
GALO QUE CANTA CORÓ, CÓ, CÓ,
PINTO QUE PIA PIRI, PI, PI,
MOÇA BONITA QUE SAIA DAQUI.

PARLENDA.

LARANJA   GALO

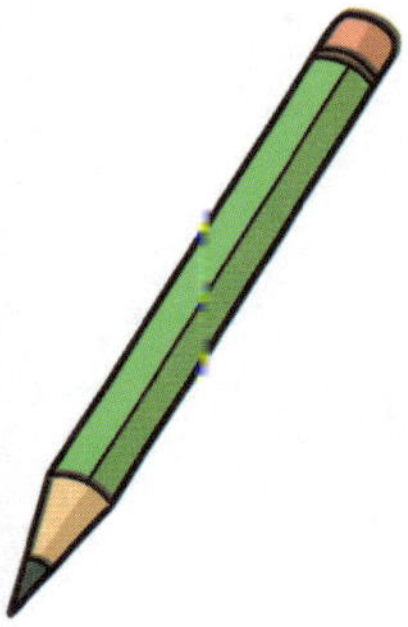

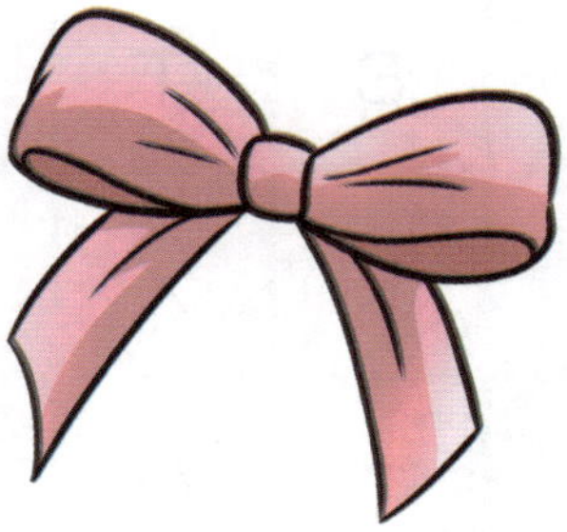

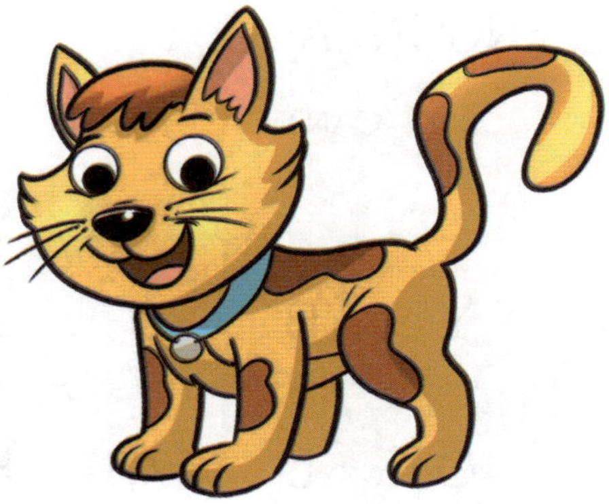

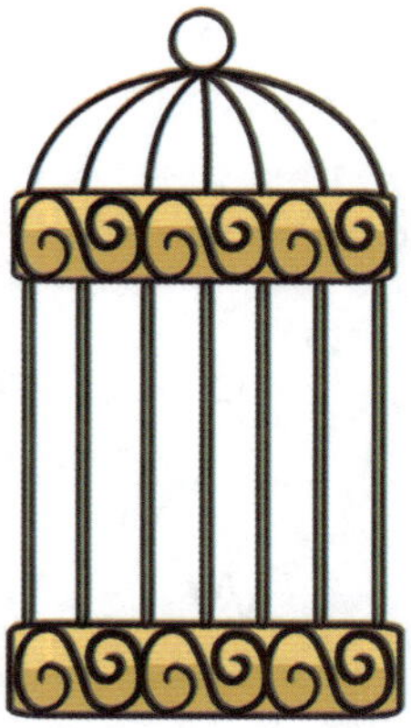

ILUSTRAÇÕES: MARCO CORTEZ

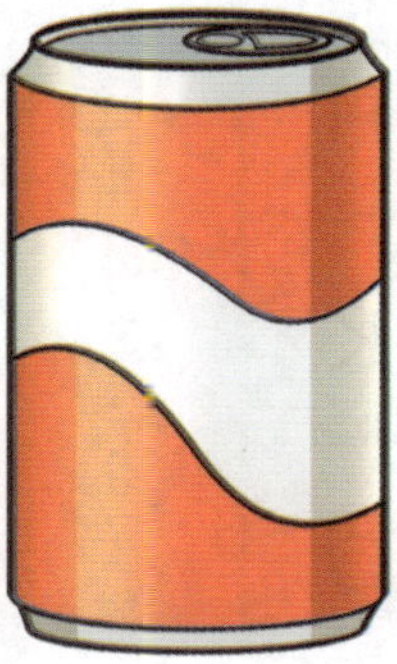

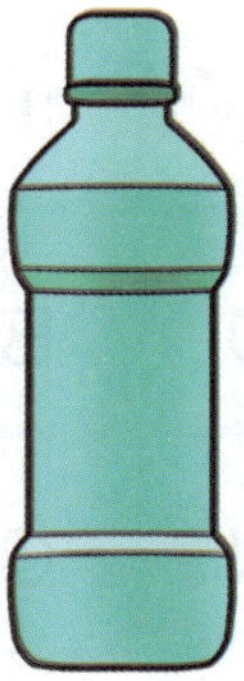

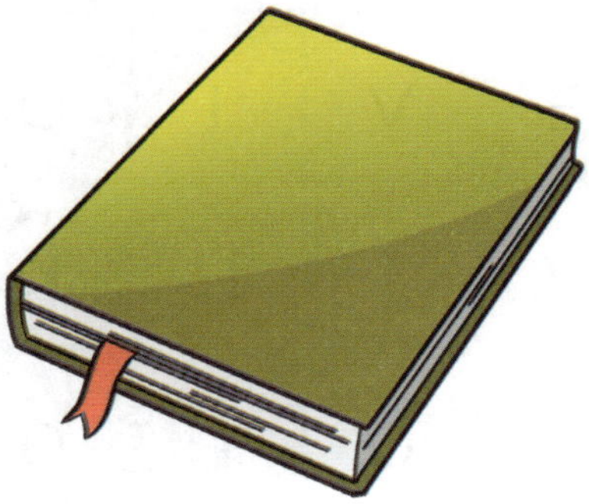

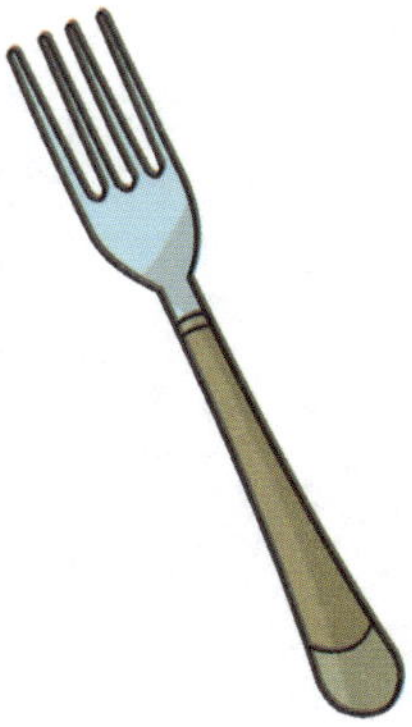

- Leia a parlenda com o professor e recite-a.
- ▼ Como o galo canta? E o pinto, como ele pia?
  Observe as palavras em destaque e circule as letras iniciais delas.
- ▼ Com que letra elas começam?
  Observe as imagens, diga o nome delas em voz alta e circule-as de acordo com a letra inicial nas cores indicadas.

45

▶ OS SONS DA MÚSICA

PAI FRANCISCO

PAI FRANCISCO ENTROU NA RODA
TOCANDO SEU VIOLÃO:
BAM RAM RAM BAM BAM.
VEM DE LÁ SEU DELEGADO
E O PAI FRANCISCO FOI PRA PRISÃO.
COMO ELE VEM TODO REQUEBRADO
PARECE UM BONECO DESENGONÇADO.

CANTIGA.

P	B	R	Y	B	U	Z	B	T	N
W	V	I	O	L	A	H	K	X	O
X	R	S	E	L	W	S	T	O	G
M	E	V	I	O	L	I	N	O	H
E	V	J	H	K	D	B	W	W	K
V	I	O	L	O	N	C	E	L	O

Cante a cantiga com o professor e faça gestos para representá-la.

▼ Qual instrumento Pai Francisco toca?

▼ Qual é a letra inicial da palavra **VIOLÃO**?

▼ Você conhece outros instrumentos cujo nome começa com a letra **V**?

Encontre e pinte no diagrama o nome de três instrumentos que começam com **V**.

46

▶ MÚSICA NO DESENHO

Faça um desenho da cantiga **Pai Francisco** e apresente-o aos colegas.

▶ LÁ VEM O TREM

O TREM DE FERRO

O TREM DE FERRO
QUANDO SAI DE PERNAMBUCO
VAI FAZENDO TCHUCO-TCHUCO
ATÉ CHEGAR AO CEARÁ.
REBOLA PAI,
REBOLA MÃE, **REBOLA** FILHA,
EU TAMBÉM SOU DA FAMÍLIA,
TAMBÉM QUERO REBOLAR.

CANTIGA.

Cante a cantiga dançando e fazendo gestos.
▼ O que a cantiga pede que se faça?

Com o alfabeto móvel, escreva a palavra **REBOLA** e descubra outra palavra dentro dela. Depois, escreva a palavra que você descobriu e faça um desenho para representá-la.

▶ PALAVRA DENTRO DE PALAVRA

SACOLA

ILUSTRAÇÕES: MARCO CORTEZ

TUCANO

LUVA

FIVELA

CASA

SERPENTE

Na página anterior, você encontrou uma palavra dentro da palavra **REBOLA**.

Leia as palavras e encontre outras palavras dentro delas. Depois, ligue-as às imagens correspondentes.

▼ Que palavras você descobriu?

Leia-as com os colegas e o professor.

▶ O SOM DOS INSTRUMENTOS

A LOJA DO MESTRE ANDRÉ

FOI NA LOJA DO MESTRE ANDRÉ
QUE EU COMPREI UMA CORNETINHA
FOM, FOM, FOM, UMA CORNETINHA
TUM, TUM, TUM, UM TAMBORZINHO
FLU, FLU, FLU, UMA FLAUTINHA
DÃO, DÃO, DÃO, UM VIOLÃO
PLIM, PLIM, PLIM, UM PIANINHO
AI, OLÉ, AI, OLÉ
FOI NA LOJA DO MESTRE ANDRÉ.

CANTIGA.

ILUSTRAÇÕES: MARCO CORTEZ

TUM TUM TUM	DÃO DÃO DÃO	PLIM PLIM PLIM

FOM FOM FOM	FLU FLU FLU

Cante a cantiga e imite os sons dos instrumentos. Depois, ligue cada instrumento ao som que ele faz na cantiga.

▶ NOVAS PALAVRAS

ILUSTRAÇÕES: MARCO CORTEZ

PIANO

_____

_____

_____

VIOLÃO

_____

_____

_____

_____

CORNETA

_____

_____

_____

▼ Você se lembra dos instrumentos musicais da loja do mestre André?

▼ Sabia que, com as letras que formam o nome deles, é possível formar outras palavras?

Com o alfabeto móvel, escreva o nome dos instrumentos acima. Depois, reorganize as letras para formar três novas palavras e copie-as nas linhas. Dica: você pode repetir as letras.

▶ VAMOS FAZER BARULHO

ESCRAVOS DE JÓ

ESCRAVOS DE JÓ
JOGAVAM CAXANGÁ
TIRA, BOTA,
DEIXA FICAR.

GUERREIROS COM GUERREIROS
FAZEM ZIGUE, ZIGUE, ZÁ.
GUERREIROS COM GUERREIROS
FAZEM ZIGUE, ZIGUE, ZÁ.

CANTIGA.

ILUSTRAÇÕES: CLAUDIA MARIANNO

Cante a cantiga e a acompanhe com instrumentos musicais feitos de diferentes materiais: caixas, latinhas, grãos etc.

▼ Que sons você conseguiu produzir?

Depois, observe as imagens.

▼ Que sons esses materiais podem produzir?

Escreva nas linhas como você imagina que seja cada som.

▶ QUANTOS INSTRUMENTOS!

© MAURICIO DE SOUSA EDITORA LTDA

COMO SERÁ A HISTÓRIA?

▼ Quem é o personagem principal da capa da página anterior?

▼ Como é possível saber disso?

Com os colegas, produza um texto com base na capa do gibi do Chico Bento. Depois de pronto, cole uma cópia da história no quadro acima.

SER CIDADÃO

1. **QUAL É O NOME DO INSTITUTO DE MÚSICA?**

   NOTAS MUSICAIS

   DOM DA PAZ

2. **QUAL É O NOME DO ESPETÁCULO?**

   A ARCA DE NOÉ

   ALEGRIA DA MÚSICA

3. **QUAL É O VALOR DA ENTRADA?**

   R$ 50,00

   1 KG DE ALIMENTO NÃO PERECÍVEL

▼ Você já exercitou a solidariedade? O que você fez?

Observe esse cartaz de divulgação de um espetáculo musical. Acompanhe a leitura do professor, ouça as perguntas e pinte as respostas.

▼ Que outra ação poderia ser feita para colaborar com o Instituto de Música Dom da Paz?

▶ OUTROS MUSICAIS

THEO WARGO/GETTY IMAGES

CAROLYN JENKINS NEWS/ALAMY/FOTOARENA

1	2	3	4	5	6	7	8	9	10
A	C	D	G	I	L	M	N	R	S

1.

1	6	1	3	3	5	8

2.

7	1	3	1	4	1	10	2	1	9

Preste atenção nas imagens de dois musicais famosos. Depois, observe os quadros 1 e 2 e substitua os números pelas letras para formar o nome desses espetáculos.

▼ Você conhece esses musicais? Sabe cantar alguma música deles?

Conte aos colegas e ao professor.

▶ O CONVITE

KARAOKÊ

VENHAM, VENHAM,
VENHAM TODOS,
QUE O SHOW JÁ VAI COMEÇAR.
TEM ROCK, SAMBA, FORRÓ,
PRA TODO MUNDO CANTAR.
TEM VALSA, BOLERO, TWIST,
PRA QUEM GOSTA DE DANÇAR.
OS QUE APRECIAM RAP
DA LETRA VÃO PRECISAR.
OS QUE TÊM BOA MEMÓRIA
PODEM ATÉ DISPENSAR.
CRIANÇAS, JOVENS E VELHOS,
NÃO TEM IDADE PRA CANTAR.

UMA MÚSICA MODERNA,
QUE ACABA DE CHEGAR.
OU UMA SERESTA ANTIGA,
QUE É PRA ME FAZER CHORAR.
UM CANTOR DEPOIS DO OUTRO,
PRO SHOW NUNCA TERMINAR.

CIBELE QUEIROZ

NYE RIBEIRO. **RODA DE LETRINHAS**. CAMPINAS: EDITORA RODA & CIA, 2004. P. 16.

BOLERO   FORRÓ   VALSA   RAP   CANTAR   TWIST
MÚSICA   CANTAR   ROCK   KARAOKÊ

Você escutou várias cantigas e brincou com diversas palavras. Ouça a leitura do professor e descubra que convite está sendo feito. Em seguida, observe o quadro de palavras.

▼ Qual palavra se repete?
Pinte-a e copie-a na linha.

TEM BICHO? TEM!

Observe as cenas. Depois, destaque as figuras da página 181 do encarte e cole-as para completá-las.

- Que animais você colou?
- Quais deles podem conviver com os seres humanos?
- Você já visitou um zoológico?
- Que animais você viu lá? Comente com os colegas e o professor.

ANIMAIS DE ESTIMAÇÃO

EU TENHO/GOSTARIA DE TER...

Observe as imagens e escreva como souber o nome desses animais de estimação.

▼ Você tem um animal de estimação?

▼ Se não tem, qual gostaria de ter?

Escreva, como souber, o nome do animal que você tem ou gostaria de ter.

▶ CONHECER E CUIDAR

VOCÊ SABIA QUE OS ANIMAIS SÃO SERES VIVOS E PRECISAM DE CUIDADOS?

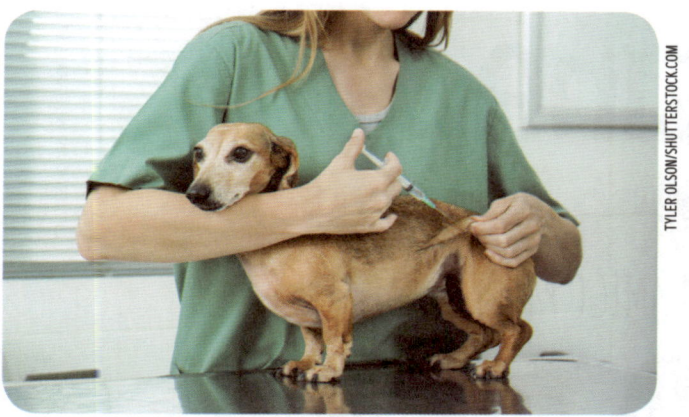

TYLER OLSON/SHUTTERSTOCK.COM

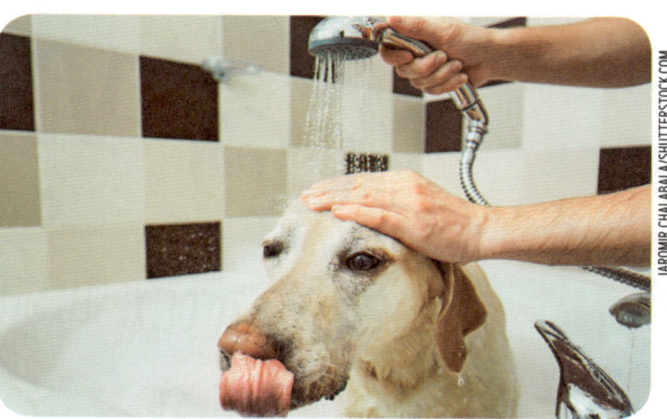

JAROMIR CHALABALA/SHUTTERSTOCK.COM

PIXEL-SHOT/SHUTTERSTOCK.COM

TATIANA BOBKOVA/SHUTTERSTOCK.COM

▼ Você sabe quais cuidados básicos devemos ter com os animais de estimação?

Observe as imagens, diga em voz alta quais cuidados os animais estão recebendo e escreva-os nos quadros da maneira que souber.

▶ VACINAR É PRECISO

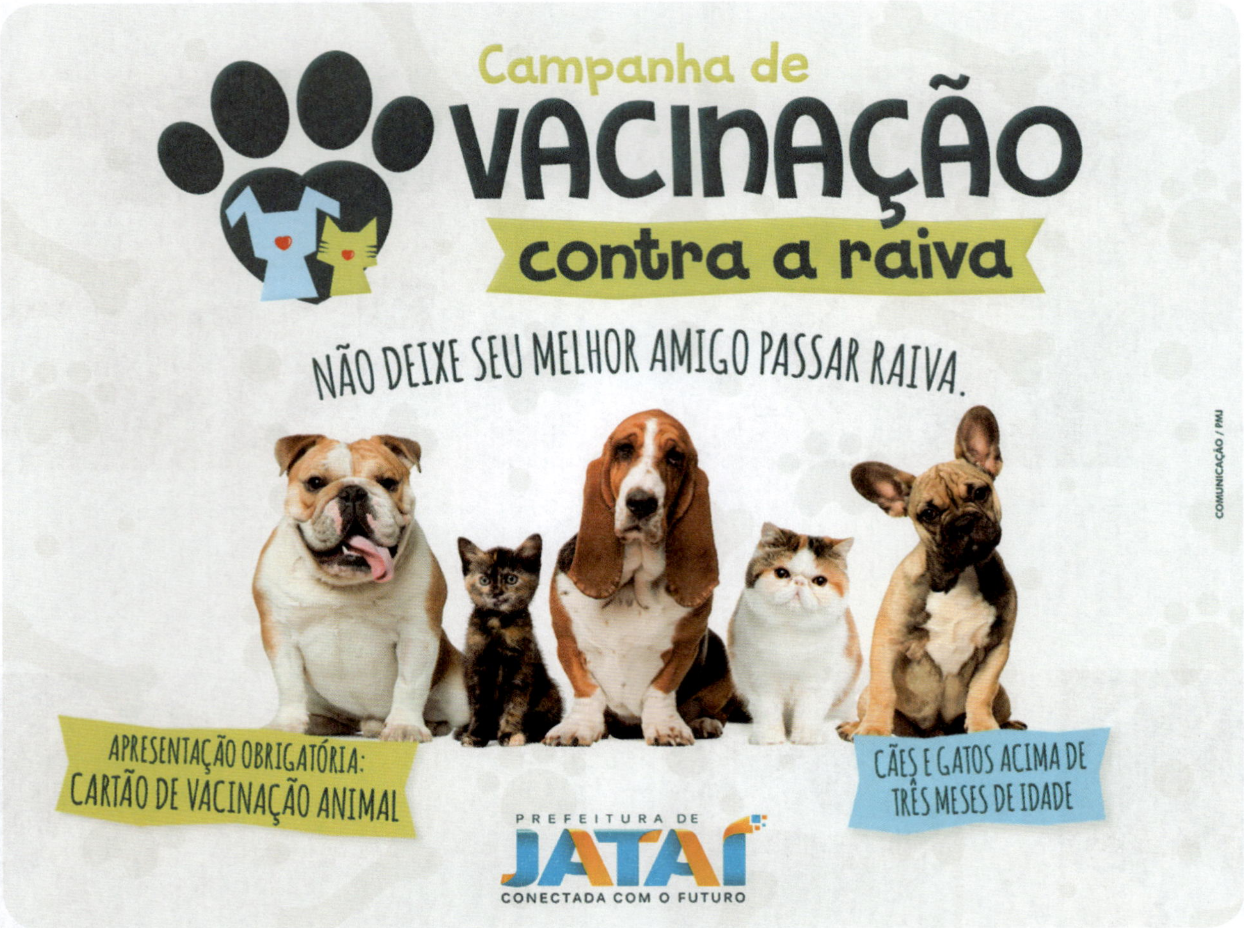

Campanha de
VACINAÇÃO
contra a raiva

NÃO DEIXE SEU MELHOR AMIGO PASSAR RAIVA.

APRESENTAÇÃO OBRIGATÓRIA:
CARTÃO DE VACINAÇÃO ANIMAL

PREFEITURA DE
JATAÍ
CONECTADA COM O FUTURO

CÃES E GATOS ACIMA DE
TRÊS MESES DE IDADE

Observe a imagem e ouça a leitura do professor.

▼ Do que trata o cartaz?

▼ Você sabe o que é uma campanha de vacinação?

▼ De acordo com o cartaz, quem é o amigo que não pode passar raiva?

Escreva a palavra **AMIGO** usando as letras móveis do alfabeto. Depois, troque a letra **O** pela letra **A**.

▼ Que palavra você formou? Copie-a no quadro.

▶ ANOTAR PARA NÃO ESQUECER

CÃES E GATOS PRECISAM SER VACINADOS CONTRA A RAIVA ANUALMENTE.

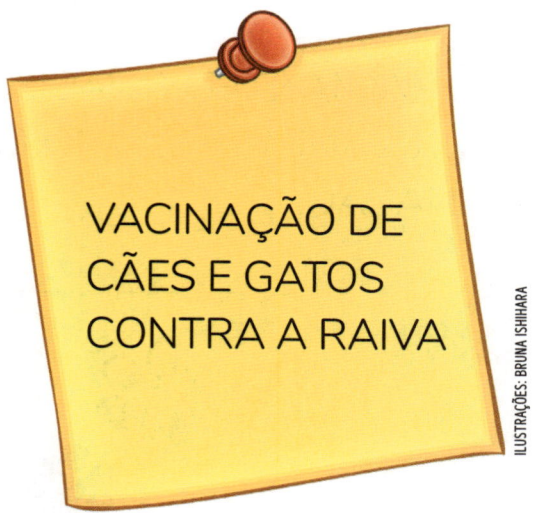

VACINAÇÃO DE CÃES E GATOS CONTRA A RAIVA

ILUSTRAÇÕES: BRUNA ISHIHARA

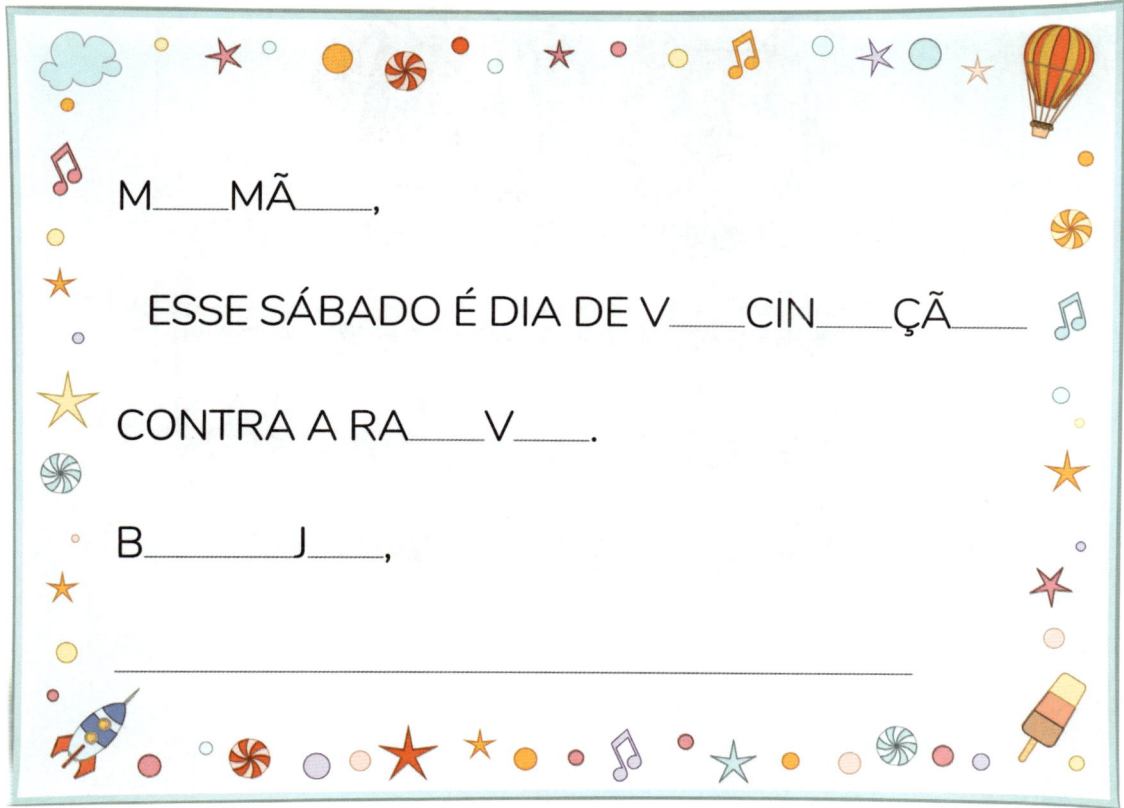

M____MÃ____,

  ESSE SÁBADO É DIA DE V____CIN____ÇÃ____

CONTRA A RA____V____.

B____J____,

_____

Acompanhe a leitura do professor.

▼ Você sabe o que é **raiva**?

Converse com os colegas e o professor sobre o assunto.

▼ O que você deve fazer para não se esquecer de vacinar seu animal de estimação?

Complete o bilhete com as letras que faltam para lembrar sua mãe. Depois, assine-o.

▶ TUDO ANOTADO

PARA MANTER A VACINAÇÃO EM DIA E PREVENIR DOENÇAS, ALGUNS ANIMAIS, COMO CÃES E GATOS, TÊM CADERNETA DE VACINAÇÃO.

BRUNA ISHIHARA

Caderneta de vacinação

NOME: MICAELA

ESPÉCIE: GATO RAÇA: SIAMÊS SEXO: FÊMEA

RGA: 934567 TUTOR: JANE

▼ Você sabia que os animais também podem ter caderneta de vacinação? Observe essa caderneta de vacinação.

▼ A que animal a caderneta pertence?

▼ Como é o nome dele? Localize o nome do animal na caderneta e copie-o nos quadrinhos.

▶ ALTERANDO LETRAS

GATO

DORA ZETT/SHUTTERSTOCK.COM

P	
M	
T	
R	

▼ Que animal é esse?

Leia o nome dele e monte-o com o alfabeto móvel.

▼ Qual é a primeira letra dessa palavra?

Monte palavras trocando a primeira letra pelas letras sugeridas acima. Depois, copie-as nos quadros.

▼ Que palavras você formou? Leia-as.

65

Observe a imagem e ouça a leitura do professor.

▼ Do que trata o cartaz?

Com os colegas, elabore um cartaz para conscientizar as pessoas sobre o abandono de animais. Crie um título e faça um desenho para ilustrá-lo.

DE QUEM SÃO ESSAS PEGADAS?

_____

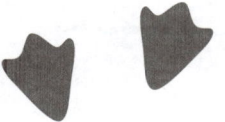

_____

_____

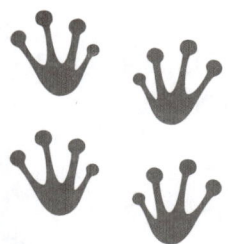

_____

▼ De quem são essas pegadas?

Observe as imagens e ligue as pegadas ao animal correspondente. Depois, escreva como souber o nome deles.

▼ Você já viu algum desses animais?

Conte aos colegas e ao professor como foi.

▶ QUE BICHO É?

SOU UM GRANDE AMIGO,
ABANO O RABO DE CONTENTE.
MAS QUANDO NÃO GOSTO,
COMEÇO A LATIR ESTRIDENTE.
QUEM SOU EU?

SOU MUITO PEQUENINO,
GOSTO MUITO DE ROER.
O GATO É MEU INIMIGO,
DELE DEVO CORRER.
QUEM SOU EU?

CI-CI-CI-CI
É O MEU CANTAR.
TENHO A FORMIGA
SEMPRE A ME RECRIMINAR.
QUEM SOU EU?

ADIVINHAS.

Acompanhe a leitura do professor e descubra as respostas das adivinhas. Depois, desenhe a resposta nos quadros e escreva-as como souber.

▼ Você conhece alguma adivinha?
Conte-a para os colegas.

TAREFA PARA CASA 5

HORA DO DESAFIO!

_____

_____

_____

_____

▼ Vamos brincar de inventar adivinhas?

Escolha um animal, invente uma adivinha e escreva-a como souber. Depois, faça um desenho que represente a resposta da sua adivinha.

Conte sua adivinha para um colega e desafie-o a adivinhar a resposta.

▶ ADIVINHA ENROLADA

QUAL ANIMAL LEVA SUA CASA NAS COSTAS?

EDUARDO BELMIRO

Observe a imagem e leia com a ajuda do professor a adivinha enrolada no casco.

▼ Que animal é esse?

Cubra o tracejado e pinte o caracol. Depois, escreva no quadro o nome dele da maneira que souber.

▼ Quantas letras tem a palavra **CARACOL**?

QUE SOM É ESSE?

- ▼ Vccê já conhece as letras do alfabeto?
- ▼ Vccê se lembra da resposta da adivinha da página anterior? Diga-a em voz alta.
- ▼ Qual é o som inicial da palavra **CARACOL**?

  Recorte de revistas ou jornais palavras que tenham o mesmo som inicial da palavra **CARACOL** e cole-as acima.

▶ VAMOS RIMAR?

ILUSTRAÇÕES: MARCOS MACHADO

▼ Você já sabe rimar?

▼ Qual é o som final da palavra **CARACOL**?

Observe as imagens e pinte somente aquelas cujo nome rimam com a palavra **CARACOL**. Depois, diga em voz alta o nome das imagens que você pintou.

73

▶ VAMOS JOGAR?

▼ Você sabe jogar **STOP**?

O professor sorteará uma letra. Escreva-a na parte de cima do quadro e, logo abaixo, desenhe um animal cujo nome começa com essa letra. Quando terminar o desenho, diga **STOP**.

Depois, troque de livro com um colega e veja os desenhos que ele fez.

▼ Que animais vocês desenharam?

▶ AÍ VEM HISTÓRIA...

ERA UMA VEZ A VACA VITÓRIA,
QUE CAIU NO BURACO
E CCMEÇOU A HISTÓRIA.

[...]
ERA UMA VEZ A CABRITA BENEDITA
QUE CAIU NO BURACO,
E ATÉ HOJE NINGUÉM ACREDITA.

NANI. **ERA UMA VEZ A VACA VITÓRIA, QUE CAIU NO BURACO E ACABOU A HISTÓRIA**. SÃO PAULO: MELHORAMENTOS, 2012. P. 4 E 10.

EDUARDO BELMIRO

NOME DOS ANIMAIS:

NOME QUE RECEBERAM:

PALAVRAS QUE RIMAM:

▼ Você já ouviu alguma história que começa com "Era uma vez"?
Diga aos colegas e ao professor o nome de uma história de que se lembre.
Depois, ouça a leitura do poema e circule no texto as palavras que rimam.

▼ Quais animais aparecem na história? Que nomes eles receberam?
Copie nos quadros as palavras que se pedem.

PALAVRAS E LETRAS

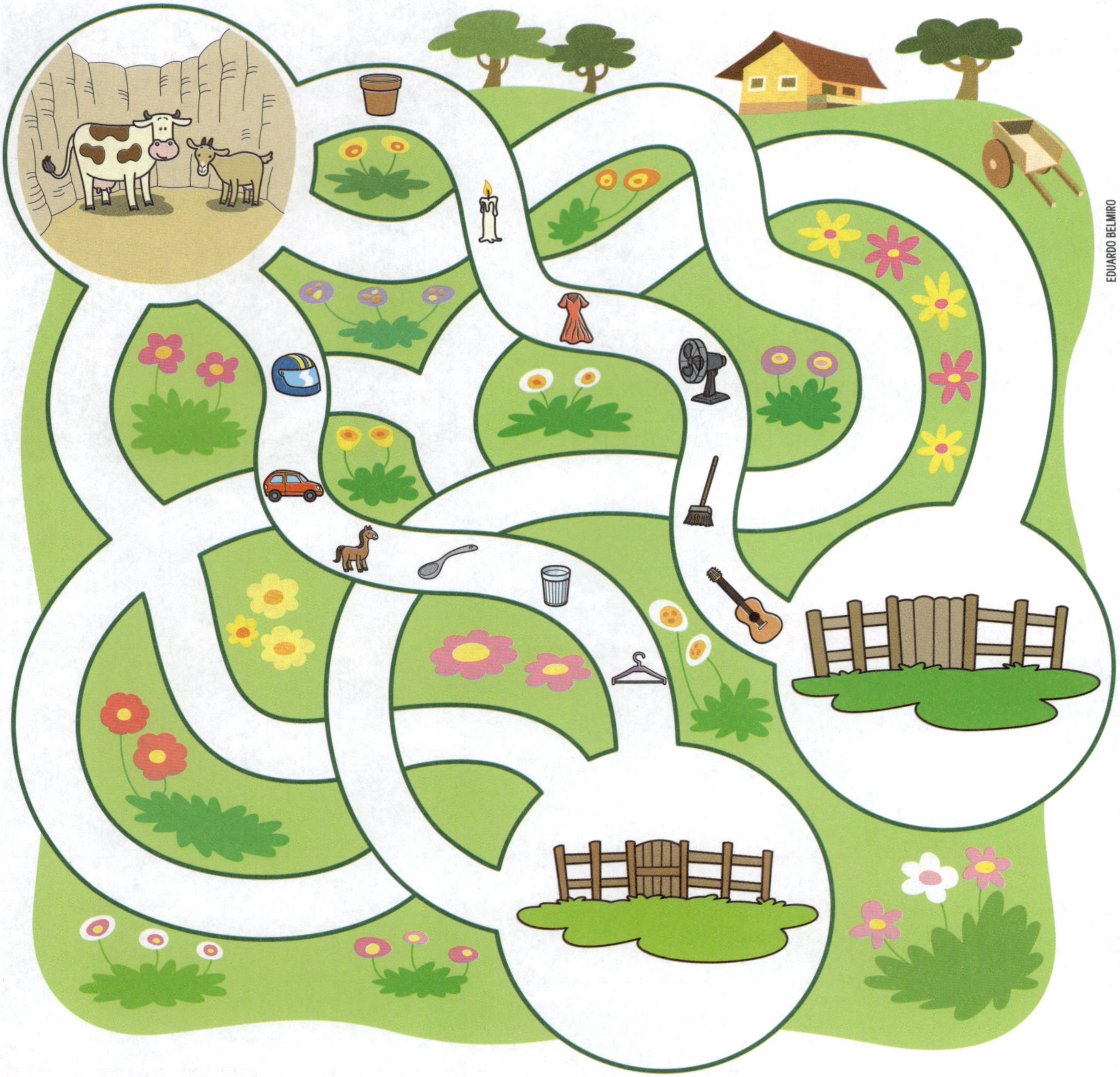

▼ Vamos ajudar a vaca e a cabrita a saírem do buraco?

Siga a pista e trace o caminho que as levará de volta para casa. Uma dica: no caminho de cada uma, há objetos cujos nomes começam com a letra inicial das palavras **VACA** e **CABRITA**.

Diga os nomes dos objetos e trace os caminhos com canetinha hidrocor de cores diferentes.

▶ VOCÊ FAZ A HISTÓRIA

ERA UMA VEZ A GIRAFA _____,
QUE CAIU NO BURACO
PORQUE ESCORREGOU NUMA CASCA DE _____.

ERA UMA VEZ A _____ SAMANTA,
QUE DE TANTO TOMAR GELADO

FICOU COM DOR DE _____.

ERA UMA VEZ O _____ AMARANTE,
QUE ENROLOU SUA TROMBA

NUM PEDAÇO DE _____.

TEXTO ESCRITO ESPECIALMENTE PARA ESTA OBRA.

ELEFANTE	BANANA	GARGANTA
BARBANTE	MARIANA	ANTA

Agora é sua vez de contar uma história. Cada trecho tem o nome de um animal, um nome dado a ele e outras palavras que rimam.

Leia com o professor as palavras e complete os trechos.

▼ Como ficou sua história?

Leia os versos em voz alta para a turma.

▶ TRILHA DOS BICHOS DO ZOO

O ZOOLÓGICO É, AO MESMO TEMPO, UM LUGAR PARA APRENDER E SE DIVERTIR.

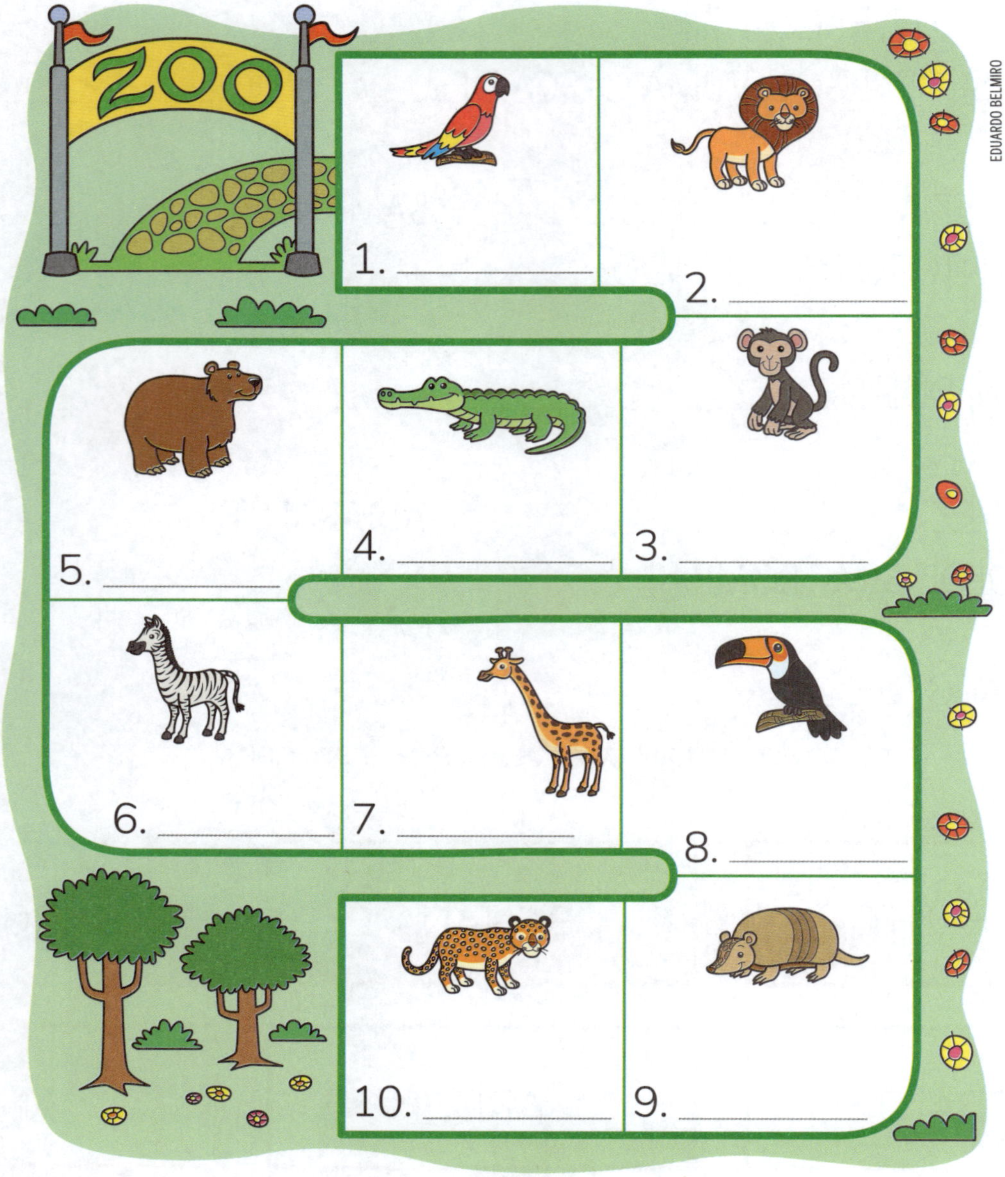

EDUARDO BELMIRO

1. _____

2. _____

3. _____

4. _____

5. _____

6. _____

7. _____

8. _____

9. _____

10. _____

▼ Você já visitou um zoológico?

▼ Que bichos podemos encontrar em um zoológico?

Observe as figuras dos bichos, identifique-os e escreva o nome deles da maneira que souber.

▼ O que podemos aprender visitando um zoológico?

TAREFA PARA CASA 6

▶ AS PARTES DA HISTÓRIA

Destaque as cenas da página 195 do encarte e arrume-as sobre a mesa. Observe o que está acontecendo em cada cena e organize-as para montar uma história com começo, meio e fim.

Em seguida, cole as cenas nos quadros em ordem e dê um título para a história.

▼ Como ficou sua história?

Conte-a para os colegas e o professor.

▶ É NOTÍCIA

ZOOLÓGICO DE SÃO PAULO REGISTRA NASCIMENTO DE CHIMPANZÉ, ESPÉCIE EM PERIGO DE EXTINÇÃO

EM 19 DE DEZEMBRO DE 2019, FOMOS AGRACIADOS COM O NASCIMENTO DE UM CHIMPANZÉ [...], ESPÉCIE ORIGINÁRIA DO CONTINENTE AFRICANO E CLASSIFICADA COMO EM "PERIGO DE EXTINÇÃO" [...] DEVIDO À CONTÍNUA DESTRUIÇÃO DE SEU HÁBITAT, CAÇA FURTIVA, ENTRE OUTROS FATORES. [...]

RAHEL PATRASSO/REUTERS/FOTOARENA

CHIMPANZÉ COM FILHOTE.

ZOOLÓGICO DE SÃO PAULO REGISTRA [...]. *IN*: **ZOOLÓGICO DE SÃO PAULO**. SÃO PAULO, 17 JAN. 2020. DISPONÍVEL EM: WWW.ZOOLOGICO.COM.BR/NOTICIAS/ZOOLOGICO-DE-SAO-PAULO-REGISTRA -NASCIMENTO-DE-CHIMPANZE-ESPECIE-EM-PERIGO-DE-EXTINCAO/. ACESSO EM: 5 MAR. 2020.

1. QUE ANIMAL NASCEU NO ZOOLÓGICO DE SÃO PAULO?

☐ TIGRE. ☐ CHIMPANZÉ.

2. EM QUE MÊS ELE NASCEU?

☐ DEZEMBRO. ☐ ABRIL.

Acompanhe a leitura da notícia do Zoológico de São Paulo com o professor. Depois, pinte os quadrinhos para responder às perguntas.

▼ Você sabe o que significa "perigo de extinção"?

Comente com os colegas e o professor o que você achou mais interessante dessa notícia.

UNIDADE 4

OS MISTÉRIOS DO MAR

Observe a imagem.

- Que lugar é esse?
- Que seres vivos moram nesse lugar?

Destaque da página 183 do encarte alguns animais que vivem nesse ambiente e cole-os para completar a cena.

- Que animais você colou? Diga em voz alta o nome deles.

FERNANDA MONTEIRO

▶ QUEM MORA NO MAR?

MAR

NO MAR,
TEM SIRI E OSTRA,
MARISCO E LAGOSTA,
BICHOS BONITOS,
BICHOS ESQUISITOS.

O MAR
É LINDO E GOZADO.
A GENTE ENTRA DOCE
E SAI SALGADO.

LALAU E LAURA BEATRIZ. **BEM-TE-VI E OUTRAS POESIAS**.
SÃO PAULO: COMPANHIA DAS LETRINHAS, 2010. P. 11.

ILUSTRAÇÕES: EDUARDO BELMIRO

▼ Que animais vivem no fundo do mar?

Acompanhe a leitura do professor. Depois, circule no texto o nome de três animais que vivem no mar e copie no quadrinho a primeira letra do nome de cada um.

Por fim, escreva outra palavra que começa com essas mesmas letras.

▼ Que palavras você escreveu?

Leia-as para os colegas e o professor.

ABC
ALÉM DAS PALAVRAS · ALÉM DAS PALAVRAS ·

ESPAÇO DA LEITURA · ESPAÇO DA LEITURA ·

▶ BONITO OU ESQUISITO?

De acordo com o poema, no mar vivem bichos bonitos e esquisitos.

Destaque as peças da página 197 do encarte, monte o quebra--cabeça e cole-o no quadro.

▼ Você conhece esse bicho?

▼ Sabe como ele se chama?

Copie da lousa o nome dele.

▼ Você acha que ele é bonito ou esquisito?

▶ QUE SOM É ESSE?

É LINDO E **GOZADO**.
A GENTE ENTRA DOCE
E SAI **SALGADO**.

LALAU E LAURA BEATRIZ. **BEM-TE-VI E OUTRAS POESIAS**.
SÃO PAULO: COMPANHIA DAS LETRINHAS, 2010. P. 11.

SOLDADO

CADEADO

GATO

DADO

BARCO

VEADO

ILUSTRAÇÕES: EDUARDO BELMIRO

Releia esse trecho do texto em voz alta.

▼ O que as palavras destacadas nele têm em comum?

Observe as palavras e pinte as partes que terminam com o mesmo som das palavras destacadas no texto.

▼ Todas as palavras foram pintadas?

Depois, ligue as palavras às imagens correspondentes e circule apenas as que rimam com **GOZADO** e **SALGADO**.

▶ É PEIXE OU NÃO É?

BALEIAS NÃO SÃO PEIXES, SÃO MAMÍFEROS QUE VIVEM NA ÁGUA. ELAS RESPIRAM FORA DA ÁGUA POR MEIO DE DUAS ABERTURAS QUE TÊM NA CABEÇA.

A BALEIA-AZUL É O MAIOR ANIMAL DO PLANETA: CHEGA A MEDIR 30 METROS DE COMPRIMENTO E SE ALIMENTA DE PEQUENOS PEIXES.

ECO2DREW/ISTOCKPHOTO.COM

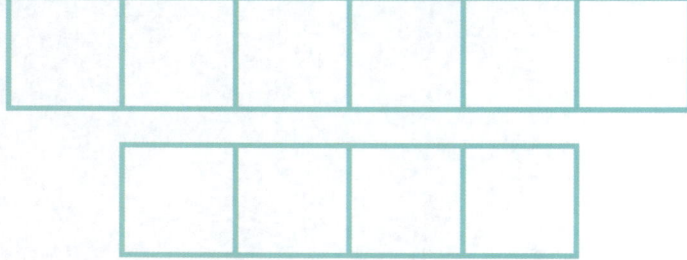

▼ O que você sabe sobre as baleias?

Acompanhe a leitura do professor. Depois, complete os quadrinhos para escrever a palavra **BALEIA**.

▼ Você consegue identificar uma palavra escondida na palavra **BALEIA**?

Retire as duas primeiras letras e forme outra palavra.

▼ Que palavra você formou?

▶ ARTE EM DOBRAR PAPEL

QUE NOMES ELAS TÊM?

1 C

C

H

2 B _ L _ G A

L

3 R C

T

4 J

B

R

T

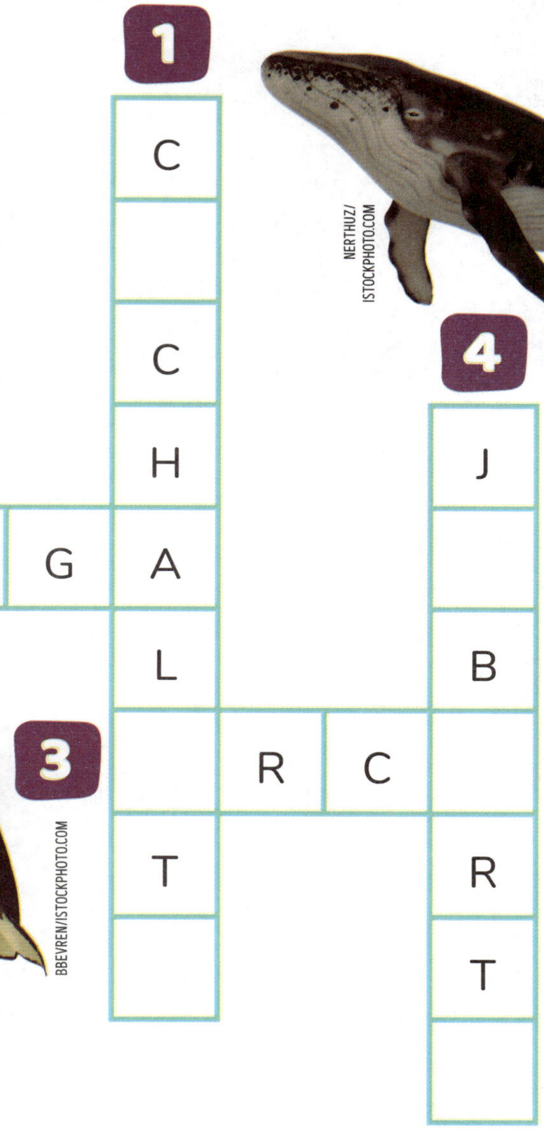

1. CACHALOTE
2. BELUGA
3. ORCA
4. JUBARTE

Existem diversas espécies de baleias.

▼ Vamos descobrir o nome de algumas delas?

Com a ajuda do professor, leia os nomes e complete o diagrama de palavras com as letras que faltam. Escreva uma letra em cada quadrinho e conte quantas letras tem cada palavra.

OUTROS ANIMAIS MARINHOS

MATHIEU MEUR/STOCKTREK IMAGES/GETTY IMAGES

FLICKETTI/ISTOCKPHOTO.COM

RICHCAREY/ISTOCKPHOTO.COM

RICHARD WHITCOMBE/SHUTTERSTOCK.COM

▼ Você conhece esses animais?

Diga os nomes deles e copie-os da lousa nos quadrinhos.

Em seguida, forme esses nomes com o alfabeto móvel e encontre outras palavras escondidas dentro deles.

▼ Que palavras você encontrou?

Copie-as nas linhas.

ALÉM DAS PALAVRAS · ALÉM DAS PALAVRAS ·

TAREFA PARA CASA 7

▶ CONHECER PARA APRENDER

VOCÊ JÁ OUVIU FALAR DO **TUBARÃO- -MARTELO**? ELE COSTUMA NADAR EM GRANDES CARDUMES E TEM ESSE NOME POR CAUSA DO FORMATO DA SUA CABEÇA QUE PARECE UM MARTELO. OS OLHOS E AS NARINAS DELE FICAM DOS DOIS LADOS DA CABEÇA.

NIGEL MARSH/ISTOCKPHOTO.COM

TUBARÃO CABEÇA-CHATA	TUBARÃO-BRANCO
TUBARÃO-MARTELO	TUBARÃO-BALEIA

▼ Você conhece alguma espécie de tubarão?

Ouça a leitura do professor e observe a imagem. Depois, leia as palavras e pinte a que representa o nome do tubarão descrito no texto.

▼ O que você descobriu sobre esse animal?

▼ Por que ele tem esse nome?

QUAL É O CAMINHO?

O TUBARÃO-MARTELO COSTUMA NADAR EM GRANDES CARDUMES.

PEIXE

MAPA

MARÉ

MAR

POLVO

MACA

ALGA

CONCHA

EDUARDO BELMIRO

▼ Você sabe o que é um cardume?

Observe a cena e ajude o tubarão-martelo a chegar até seu cardume. Siga as placas cujas palavras começam com a mesma letra de **MARTELO**.

▼ Você sabe o significado dessas palavras?

MOVIMENTO DAS ÁGUAS DO MAR.

GRANDE QUANTIDADE DE ÁGUA SALGADA.

PROFISSIONAL QUE TRABALHA EM UMA EMBARCAÇÃO.

DESENHO QUE REPRESENTA UM LUGAR: PAÍS, CIDADE ETC.

FRUTO DA MACIEIRA.

CAMA PARA TRANSPORTAR DOENTES.

Acompanhe a leitura do professor e descubra as palavras que correspondem às frases. Depois, escreva-as nos quadros de acordo com seu significado.

▼ Quais dessas palavras levaram o tubarão-martelo até o cardume?

MUITAS ESPÉCIES

| A | B | G | H | I | L | M |

| N | O | P | R | T | U |

ILUSTRAÇÕES: MARCO CORTEZ

TATIANA BELOVA/SHUTTERSTOCK.COM

_____

JEFF ROTMAN/GETTY IMAGES

_____

TEERAPONG TANPANIT/SHUTTERSTOCK.COM

_____

PHIL LOWE/SHUTTERSTOCK.COM

_____

▼ Você sabe o nome de algum peixe que vive no mar?

Substitua os símbolos pelas letras e escreva o nome de alguns peixes de água salgada.

▼ Que nomes você descobriu?

Leia-os em voz alta. Depois, com massinha de modelar, faça uma escultura de um desses peixes.

TAREFA PARA CASA 8

PESQUE AS PALAVRAS

MARCOS MACHADO

PIPOCA

TAPETE

BARATA

PANELA

DADO

PIPA

▼ Você conhece alguma música que fala do mar?

Cante com a turma as músicas que o professor vai ensinar. Acompanhe-as com gestos ou instrumentos musicais.

▼ Com que letra começa a palavra **PEIXE**?

Leia as palavras que estão dentro dos peixes e pinte apenas os peixes cujas palavras têm a letra **P** no começo ou no meio delas. Leia em voz alta as palavras que você pintou e copie-as em uma folha à parte.

97

▶ VAMOS VISITAR?

O AQUÁRIO DE PARANAGUÁ

[...] O AQUÁRIO DE PARANAGUÁ POSSUI MAIS DE 26 RECINTOS COM ANIMAIS DE DIVERSAS ESPÉCIES. EM SUA MAIORIA, SÃO ENCONTRADOS ANIMAIS DO LITORAL PARANAENSE, PORÉM, NA VISITA TAMBÉM É POSSÍVEL CONHECER ANIMAIS EXÓTICOS COMO O TUBARÃO-BAMBU, ENCONTRADO NA ÁSIA, DIVERSAS ESPÉCIES DE RAIAS E ATÉ JACARÉ!

O AQUÁRIO DE PARANAGUÁ. *IN:* **AQUÁRIO DE PARANAGUÁ**. PARANAGUÁ, [20--]. DISPONÍVEL EM: WWW.AQUARIODEPARANAGUA.ORG/PROPOSTA. ACESSO EM: 10 MAR. 2020.

▼ Você já visitou um aquário? Gostaria de visitar?

Acompanhe a leitura do professor. Encontre o nome de três animais e circule-os.

Com os colegas e o professor, faça uma lista com nomes de outros animais que podem ser encontrados em um aquário.

▶ VOCÊ ESTÁ CONVIDADO!

CARNAVAL NO AQUÁRIO DE PARANAGUÁ

NA SEMANA DE CARNAVAL, VENHA CURTIR A FOLIA NO AQUÁRIO DE PARANAGUÁ! [...]

O AQUÁRIO FUNCIONA TODOS OS DIAS DA SEMANA, DAS 10H ÀS 17H30.

MORADORES DE TODO O LITORAL PARANAENSE PAGAM R$10,00 [...]. CRIANÇAS COM MENOS DE 5 ANOS NÃO PAGAM ENTRADA.

JOKA MADRUGA/FUTURA PRESS

CARNAVAL NO AQUÁRIO DE PARANAGUÁ. *IN*: **AQUÁRIO DE PARANAGUÁ**. PARANAGUÁ, [20--]. DISPONÍVEL EM: WWW.AQUARIODEPARANAGUA.ORG/SINGLE-POST/2019/02/20/CARNAVAL-NO -AQUÁRIO-DE-PARANAGUÁ. ACESSO EM: 10 MAR. 2020.

1. O AQUÁRIO FUNCIONA TODOS OS DIAS:

DA SEMANA	DO MÊS

2. MORADORES DO LITORAL PARANAENSE PAGAM:

R$ 15,00	R$ 10,00

3. CRIANÇAS COM MENOS DE 5 ANOS:

PAGAM R$ 5,00	NÃO PAGAM

Acompanhe a leitura do professor.

▼ Em que dias o aquário funciona?

▼ Qual é o valor dos ingressos?

Leia as frases com o professor e pinte as palavras que as completam corretamente.

▶ VAMOS PASSEAR?

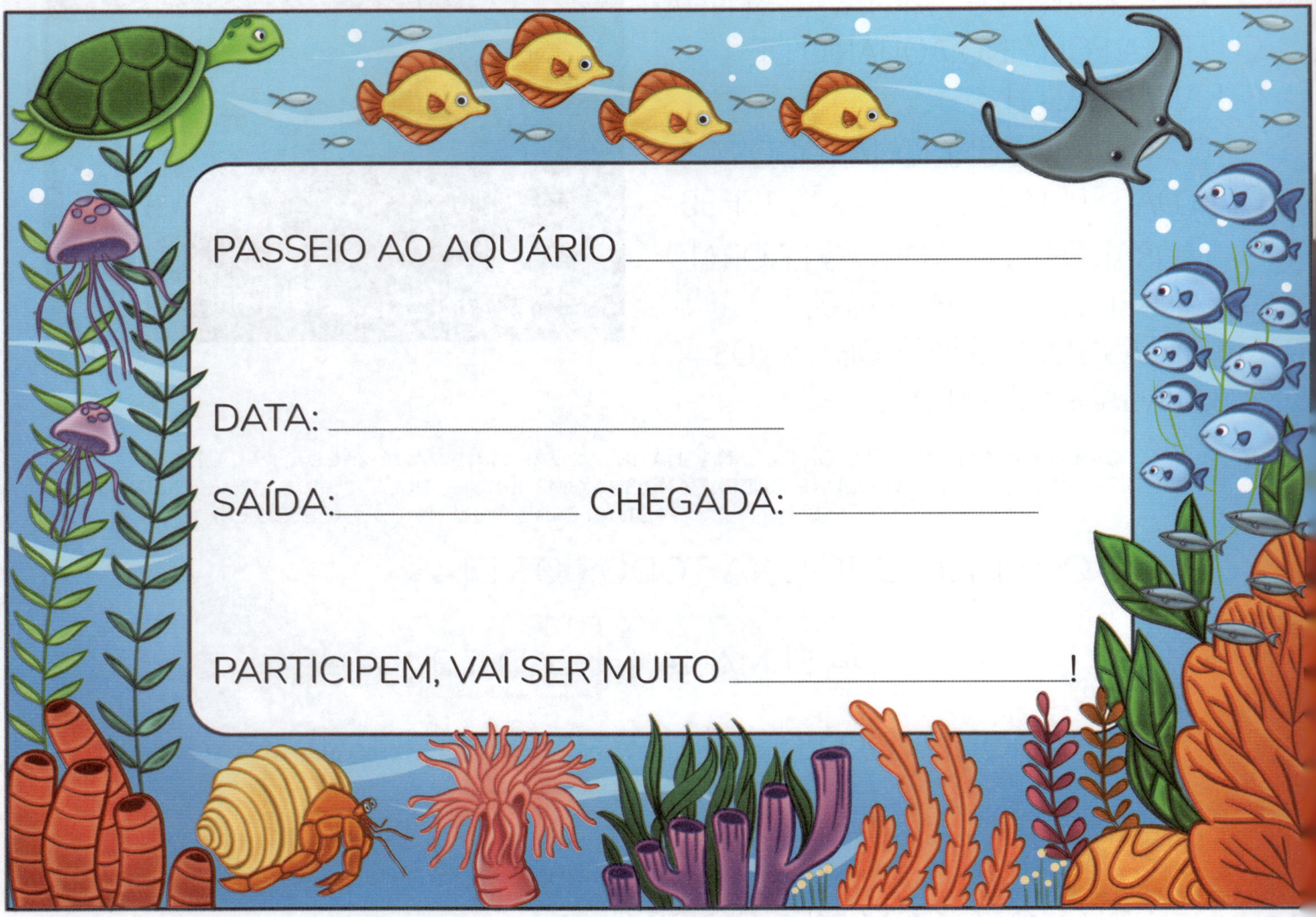

PASSEIO AO AQUÁRIO _____

DATA: _____

SAÍDA: _____ CHEGADA: _____

PARTICIPEM, VAI SER MUITO _____!

▼ Você já participou de algum passeio da escola?

▼ Gostaria de fazer um passeio ao Aquário de Paranaguá?

Imagine que sua escola está organizando um passeio para o aquário. Com a ajuda do professor, leia e complete o comunicado com as informações pedidas.

► TOQUE NO BICHO!

O AQUÁRIO DE PARANAGUÁ TEM UMA ATRAÇÃO MUITO INTERESSANTE: O TANQUE DE TOQUE. NELE É POSSÍVEL TOCAR ALGUNS ANIMAIS, COMO RAIAS-PREGO, ANÊMONAS, PEPINOS-DO--MAR E BOLACHAS-DA-PRAIA.

▼ Já pensou em tocar um animal marinho?

▼ Como você imagina que seja essa experiência?

Acompanhe a leitura do professor e descubra uma atração do Aquário de Paranaguá.

Depois, faça um desenho para representar o animal que você gostaria de tocar se fosse ao aquário e escreva o nome dele.

▶ VOCÊ SABIA?

SE A ESTRELA-DO-MAR PERDER UM BRAÇO, ELA CONSEGUE RECONSTRUIR OUTRO NO LUGAR.

A BOCA DA ARRAIA FICA NA BARRIGA E ALGUMAS ESPÉCIES TÊM UM FERRÃO VENENOSO.

A BOLACHA-DA-PRAIA RESPIRA PELOS PÉS E GOSTA DE FICAR ENTERRADA NA AREIA.

A ÁGUA-VIVA TEM TENTÁCULOS QUE CAUSAM QUEIMADURAS, E ALGUMAS ESPÉCIES BRILHAM NO ESCURO.

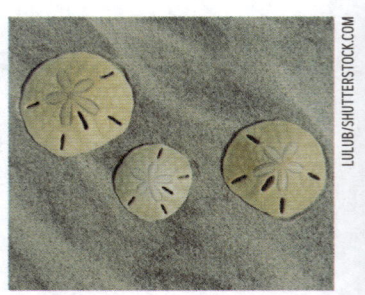

▼ Você conhece algum animal marinho?

▼ O que você sabe sobre ele?

Acompanhe a leitura do professor e descubra algumas curiosidades sobre esses animais marinhos. Em seguida, ligue os textos aos animais correspondentes.

▼ Qual informação mais chamou sua atenção?

ESPAÇO DA LEITURA • ESPAÇO DA LEITURA

▶ HAJA IMAGINAÇÃO!

A ESCOLINHA DO MAR

A ESCOLA DE DONA OSTRA FICA LÁ NO FUNDO DO MAR. NESSA ESCOLA AS AJLAS SÃO MUITO DIFERENTES.

[...] O DR. CAMARÃO, POR EXEMPLO, DÁ AULAS AOS PEIXINHOS MENORES [...].

RUTH ROCHA. **A ESCOLINHA DO MAR**. SÃO PAULO: SALAMANDRA, 2009. P. 5 E 6.

▼ Você já imaginou como seria uma escola no fundo do mar?

Acompanhe a leitura do professor e faça um desenho para representar a história.

Depois, com um colega, escreva dois nomes de animais marinhos que poderiam ser professores nessa escola. Solte a imaginação!

▶ AÍ VEM HISTÓRIA

A OSTRA

ELA ERA MUITO FECHADA,
MAS UM DIA, DISTRAÍDA,
PERMITIU QUE UM GRÃO DE AREIA
ENTRASSE NA SUA VIDA.
E COMO ELE NÃO SAÍSSE
E ELA O GRÃO NÃO CUSPISSE
PERMANECEU INVADIDA
[...]
O GRÃO QUE NÃO FOI EMBORA
MAS FICOU PRA INCOMODAR
E AOS POUCOS FOI TRANSFORMADO
NUMA PÉROLA EXEMPLAR
PRA ELA ERA SÓ CAROÇO,
POIS OSTRA NÃO TEM PESCOÇO
NÃO PRECISA DE COLAR.

MARIA AUGUSTA DE MEDEIROS. **JACARÉ COM JANELINHA QUEM JÁ VIU QUE ME APRESENTE! E OUTROS POEMAS**. SÃO PAULO: FORMATO EDITORIAL, 2009. P. 24.

▼ Você já ouviu falar de ostras?

▼ Sabe onde elas moram?

▼ O que você sabe sobre esse animal?

Acompanhe a leitura do professor e observe as palavras da lousa. Em seguida, pinte no texto as palavras **COLAR**, **AREIA**, **PÉROLA** e **CAROÇO**.

COMO ELAS SÃO?

QUANDO UM GRÃO DE AREIA ENTRA NA CONCHA DA OSTRA, ELA SE DEFENDE SOLTANDO UMA SUBSTÂNCIA CHAMADA MADREPÉROLA, QUE CRISTALIZA O GRÃO DE AREIA E O TRANSFORMA EM PÉROLA.

O QUE AS OSTRAS PRODUZEM?

X	P	X	É	X	R	X	O	X	X	L	X	A	S

A OSTRA VIVE DENTRO DE UMA...

C	X	O	N	X	X	C	X	H	X	A

▼ O que as ostras produzem?

▼ Onde elas vivem?

Acompanhe a leitura do professor e preste atenção às perguntas. Para respondê-las, observe as sequências e risque todas as letras **X**. Depois, copie as letras que sobraram e leia as palavras formadas.

▼ Que palavras você descobriu?

OS CASTELOS EM NOSSOS SONHOS

FERNANDA MONTEIRO

Observe a cena.

- Que lugar é esse?
- Você conhece histórias que têm castelos?
- Que personagens costumam morar em um castelo?

Destaque da página 185 do encarte um dos personagens e cole-o na entrada do castelo. Depois, vá até a página 201, destaque as portas do castelo e cole-as no lugar correto.

Troque de livro com um colega e abra as portas do castelo.

- Que personagem você encontrou?

▶ DE QUEM É ESSE CASTELO?

AMOR ANTIGO

ALI, NO ESCURO,
POR CIMA DO MURO,
NO ALTO DA TORRE,
MORAVA A PRINCESA
DE TRANÇA DE PRATA,
DA FACE DE LUA.

ALI, NO CANTEIRO,
MORAVA A ROSEIRA,
DA ROSA PRIMEIRA
DOS CONTOS EM FLOR.

CHEGANDO DE LONGE,
DE OUTRO REINADO,

UM MOÇO MONTADO,
NO SEU ALAZÃO.

SUBIU PELA TRANÇA,
BEIJOU A PRINCESA...

NO CÉU, UMA ESTRELA
VIROU CORAÇÃO!

CIBELE QUEIROZ

SYLVIA ORTHOF. **A POESIA É UMA PULGA**.
SÃO PAULO: ATUAL, 1991. P. 30.

2	8	4	3	6	1	5	7
A	L	U	P	Z	R	N	E

1	2	3	4	5	6	7	8

▼ Quem será que mora nesse castelo?
Ouça a leitura do professor e descubra de quem é esse castelo.
Para isso, organize as letras seguindo a ordem numérica de acordo com a legenda.

▼ Você conhece essa história?
Conte-a aos colegas e ao professor.

PALAVRAS QUE RIMAM

CIBELE QUEIROZ

ESCURO

ROSEIRA

REINADO

PRIMEIRA

MURO

ALAZÃO

MONTADO CORAÇÃO

▼ Vamos ajudar o príncipe a chegar até a torre da Rapunzel?
Leia as palavras da trilha e observe como elas terminam.

▼ Há palavras que terminam com o mesmo som?
Pinte da mesma cor os pares de palavras que rimam.

▼ Quantos pares de palavras você pintou?

▶ UMA HISTÓRIA CONTADA POR IMAGENS

AMOR ANTIGO

Existem várias maneiras de contar uma história.

▼ Vamos contar a história da Rapunzel em quadrinhos?

Desenhe nos quadros as partes da história da Rapunzel. Depois, apresente sua história aos colegas e ao professor.

HISTÓRIAS COM CASTELOS

SINGELA MOÇA BONITA
PASSAVA O DIA A LIMPAR.
NO BAILE PERDEU O SAPATINHO,
O QUE AJUDOU O PRÍNCIPE
A LHE ENCONTRAR.

ILUSTRAÇÕES: MARCOS MACHADO

UM FEITIÇO DE RANCOR
LEVOU A PRINCESA A DORMIR.
POR ANOS DORMIU NA ESPERA
ATÉ SEU PRÍNCIPE SURGIR.

TEXTOS ESCRITOS ESPECIALMENTE
PARA ESTA OBRA.

▼ Você conhece outras histórias com castelos?
  Observe esses castelos e acompanhe a leitura do professor.
▼ Que personagens moram nesses castelos?
  Escreva o nome das histórias. Depois, ouça as histórias
  dessas princesas.

TAREFA PARA CASA 9

▶ QUANTAS PALAVRAS?

SINGELA MOÇA BONITA
PASSAVA O DIA A LIMPAR
NO BAILE PERDEU O SAPATINHO,
O QUE AJUDOU O PRÍNCIPE
A LHE ENCONTRAR.

UM FEITIÇO DE RANCOR
LEVOU A PRINCESA A DORMIR.
POR ANOS DORMIU NA ESPERA
ATÉ SEU PRÍNCIPE SURGIR.

TEXTOS ESCRITOS ESPECIALMENTE PARA
ESTA OBRA.

Releia os versos com o professor.

▼ Você sabe quantas palavras tem cada poema?

Pinte os espaços entre as palavras. Depois, conte-as e registre a quantidade nos quadrinhos.

CINDERELA

BELA ADORMECIDA

Leia esses nomes com o professor.

▼ Você conhece essas personagens?

▼ Com que letras esses nomes começam?

Recorte de revistas e jornais outras palavras que iniciem com a mesma letra das palavras **CINDERELA** e **BELA ADORMECIDA** e cole-as nos quadros correspondentes.

A HISTÓRIA QUE EU ESCOLHI

Você ouviu as histórias **Cinderela** e **A bela adormecida**.

▼ De qual delas você mais gostou?

Escreva o nome da história de que você mais gostou. Depois, destaque da página 187 os elementos que fazem parte dessa história e cole-os no quadro acima.

Por fim, junte-se com os colegas que escolheram a mesma história que você e reconte-a oralmente.

COMO SERIA MEU CASTELO

- ▼ Você conhece outros personagens de histórias que vivem em um castelo? Diga em voz alta o nome deles.
- ▼ Se você fosse um personagem de histórias infantis, como seria seu castelo? Desenhe-o e escreva um nome para ele.

▶ BRINCADEIRA DE CASTELO

A LINDA ROSA JUVENIL

ILUSTRAÇÕES: MARCOS MACHADO

A LINDA  JUVENIL, JUVENIL, JUVENIL

VIVIA ALEGRE EM SEU LAR, EM SEU LAR, EM SEU LAR

UM DIA VEIO A MÁ, MUITO MÁ, MUITO MÁ

QUE ADORMECEU A ROSA ASSIM, BEM ASSIM, BEM ASSIM

E O TEMPO PASSOU A CORRER, A CORRER, A CORRER

E O MATO CRESCEU AO REDOR, AO REDOR, AO REDOR

UM DIA VEIO O BELO , BELO REI, BELO REI

QUE DESPERTOU A ROSA ASSIM, BEM ASSIM, BEM ASSIM

BATAMOS PALMAS PARA O REI, PARA O REI, PARA O REI

CANTIGA.

Cante a cantiga **A linda rosa juvenil**. Ela conta uma história.

▼ De que fala a história?

▼ É uma história de castelo?

Observe as imagens que aparecem na letra da cantiga e escreva nos quadros o nome dos personagens da história. Depois, brinque com os colegas seguindo as orientações do professor.

▶ QUE PALAVRA RIMA COM...

ILUSTRAÇÕES: MARCO CORTEZ

▼ Vamos brincar de rimar?

Para fazer rimas temos de prestar atenção ao som final das palavras.

Observe as imagens e escreva o nome delas. Depois, escreva duas palavras que rimam com elas.

Por fim, desenhe um objeto, escreva o nome dele e mais duas palavras que rimem com ele.

▶ UM CASTELO DIFERENTE

VOCÊ JÁ VIU UM CASTELO DE VERDADE? ESTE É O CASTELO SÃO JOÃO, UM MUSEU DO INSTITUTO RICARDO BRENNAND LOCALIZADO NA CIDADE DO RECIFE, EM PERNAMBUCO.

FABIO KNOLL/PULSAR IMAGENS

MUSEU CASTELO SÃO JOÃO.

Observe a imagem.
▼ O que você achou do Castelo São João?
▼ Você sabe o que podemos encontrar em um museu?
Converse com os colegas e o professor. Depois, faça uma lista do que é possível encontrar em um museu e copie-a acima.

Oficinas de Férias

Instituto Ricardo Brennand | Julho 2018

03 a 06/07

CHEFS NO MUSEU
Das 8h às 12h
De 03 a 05 anos

LIBRAS* PARA INICIANTES
Das 8h às 12h
A partir de 13 anos

CUSTOMIZANDO!!!
Das 13h30 às 17h30
De 06 a 08 anos

17 a 20/07

O "EU" CRIANÇA NO MUSEU
Das 8h às 12h
De 03 a 05 anos

PINTANDO O SET (7)
Das 8h às 12h
De 06 a 08 anos

PEQUENO ESCULTOR
Das 13h30 às 17h30
De 06 a 08 anos

10 a 13/07

MINI INVENTORES
Das 8h às 12h
De 06 a 08 anos

O TODO E O DETALHE:
FOTOGRAFIA PARA CRIANÇAS
Das 8h às 12h
De 09 a 13 anos

É CRIANDO QUE SE APRENDE:
PRODUÇÃO DE CARIMBOS E TURBANTES
Das 13h30 às 17h30
De 06 a 08 anos

24 a 27/07

ESPORTES NO MUSEU
Das 8h às 12h
De 03 a 05 anos

LIBRAS* para iniciantes
Das 8h às 12h
A partir de 13 anos

MINI ARTISTAS
Das 13h30 às 17h30
De 06 a 08 anos

LIBRAS* - Língua Brasileira de Sinais

+info: (81) 2121-0349/0365
formacao.oficinas@institutoricardobrennand.org.br
www.institutoricardobrennand.org.br

InstitutoRB

Realização:

RB INSTITUTO RICARDO BRENNAND

ação educativa

MYLENA BIONE/OFICINAS DE FÉRIAS, INSTITUTO RICARDO BRENNAND

Observe o cartaz do Instituto Brennand e acompanhe a leitura do professor.

▼ Qual é o título do cartaz?

▼ De qual dessas atividades você gostaria de participar?

Copie no quadro o nome dessa atividade.

▼ Você sabe para que serve um cartaz?

Converse com os colegas e o professor.

UM CASTELO CHEIO DE HISTÓRIAS

MARCOS MACHADO

1. NINO TEM CABELO TIGELINHA COM APENAS UM FIO EM PÉ.
2. TIA MORGANA É TIA-AVÓ DE NINO. ELA É UMA FEITICEIRA PODEROSA.
3. ZEQUINHA É O MAIS NOVO DA TURMA; É PEQUENO, SAPECA E MUITO CURIOSO!
4. BIBA É ESPERTA E DECIDIDA, SEMPRE TEM GRANDES IDEIAS PARA BOAS AVENTURAS.
5. PEDRO É MUITO INTELIGENTE, É O LÍDER DO GRUPO NA AUSÊNCIA DE NINO.

▼ Você conhece o Castelo Rá-Tim-Bum?
É um castelo cheio de histórias e personagens incríveis.
Acompanhe a leitura do professor e numere os personagens de acordo com as características deles.

QUEM É O DONO DO CASTELO?

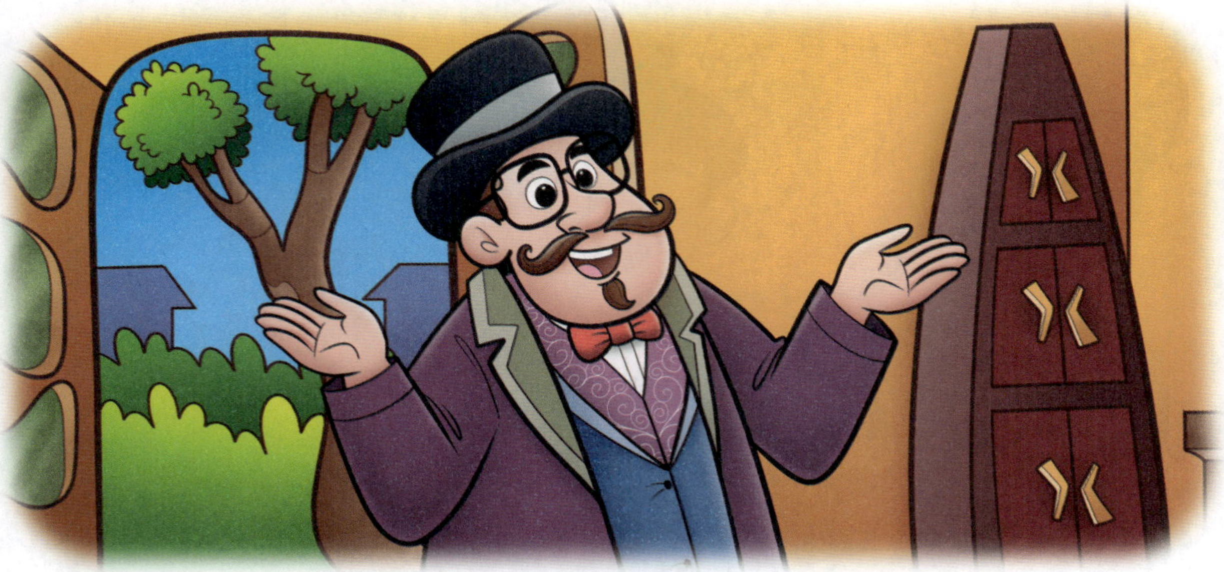

MARCOS MACHADO

X	T	X	I	X	O	X

V	X	I	C	T	X	O	X	R

SE LIGUE NA REDE

Que tal assistir ao primeiro episódio da série Castelo Rá-Tim-Bum e conhecer esses personagens? Acesse o endereço a seguir com o professor e divirta-se (acesso em: 13 mar. 2020).

▼ www.youtube.com/watch?reload=9&v=j-uldPC8iTg

▼ Quem é o dono do castelo?

Pinte todas as letras **X** que aparecem nos quadrinhos. Depois, copie na linha as letras que sobraram e descubra o nome dele.

OUTROS PERSONAGENS DO CASTELO

PORTEIRO

RELÓGIO

CELESTE

MAU

ILUSTRAÇÕES: MARCOS MACHADO

O	K	I	M	U	V	Z	S	E	N
Y	C	E	L	E	S	T	E	J	Q
Y	U	X	O	O	Y	R	L	Z	V
P	O	R	T	E	I	R	O	D	O
F	G	R	E	Z	L	A	Q	A	T
I	D	R	M	A	U	H	G	E	I
P	Q	K	G	O	V	P	T	P	S
C	N	M	R	E	L	Ó	G	I	O

O Castelo Rá-Tim-Bum é habitado por criaturas curiosas.

Observe as imagens e leia o nome dos personagens com o professor. Depois, encontre o nome deles no diagrama de palavras e pinte-os nas cores indicadas.

CASTELOS EM TELA

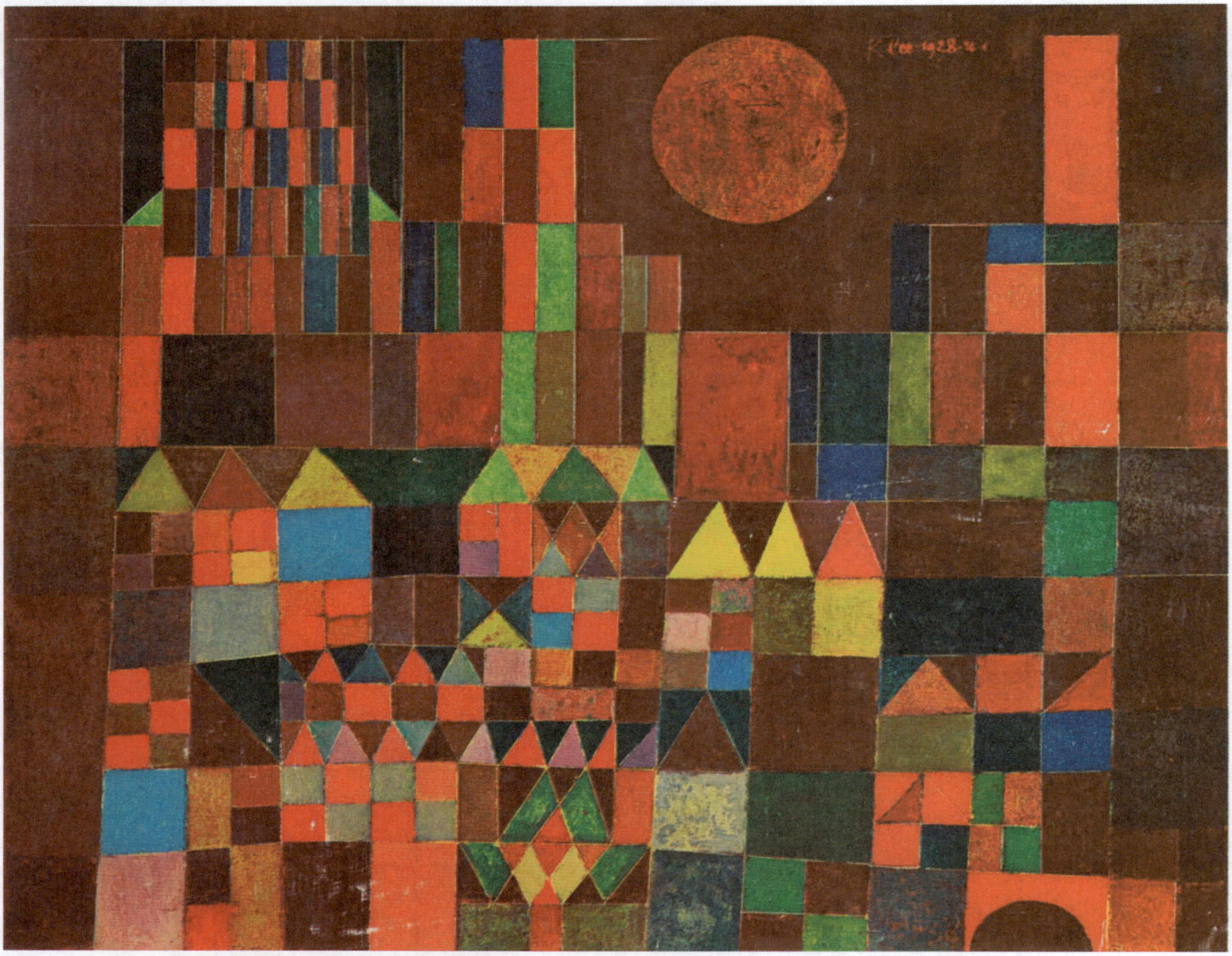

PAUL KLEE. **CASTEL AND SUN**, 1928. ÓLEO SOBRE TELA, 50 CM × 59 CM.

▼ Você já apreciou uma pintura?

▼ Lembra-se de como se sentiu ao olhar uma tela?

   Observe essa tela e o castelo retratado nela. Escreva nas linhas o que você vê e sente.

   Depois, em uma folha à parte, pinte com os dedos um castelo diferente usando tinta guache. Exponha sua pintura e organize uma exposição de arte na sala.

▶ VAMOS FAZER CASTELOS DE AREIA?

FAMOSO ARQUITETO ITALIANO ENSINA A CONSTRUIR O CASTELO DE AREIA PERFEITO

[...] O ARQUITETO ITALIANO RENZO PIANO ENSINA [...] ALGUNS PASSOS PARA VOCÊ CONSEGUIR MELHORAR SUAS CONSTRUÇÕES FEITAS NA AREIA.

FAMOSO ARQUITETO [...]. **ÉPOCA NEGÓCIOS**, SÃO PAULO, 15 JUL. 2017. DISPONÍVEL EM: HTTPS:// EPOCANEGOCIOS.GLOBO.COM/INFORMACAO/ACAO/NOTICIA/2015/07/FAMOSO-ARQUITETO-ITALIANO -ENSINA-CONSTRUIR-O-CASTELO-DE-AREIA-PERFEITO.HTML. ACESSO EM: 16 MAR. 2020.

1. CAVE UM CÍRCULO NA AREIA ÚMIDA.
2. FAÇA UM MONTE DE AREIA NO CENTRO DO CÍRCULO.
3. FAÇA UMA ENTRADA PARA DEIXAR A ÁGUA PASSAR.
4. ENFEITE-O COM PEDRAS E UMA BANDEIRINHA NO TOPO.

ILUSTRAÇÕES: CLAUDIA MARIANNO

▼ Você já construiu um castelo de areia?
Acompanhe a leitura do professor, observe as imagens e numere-as de acordo com as instruções.
▼ Como você construiria um castelo de areia?

CASTELOS NA AREIA

[...] A ÁGUA AGORA ESTÁ SALGADA DE PLÁSTICO E JÁ NÃO É A MESMA. NÃO SEI SE AS CRIANÇAS, AGORA, CONSTROEM CASTELOS DE AREIA OU CASTELOS DE PLÁSTICO. [...]

[...] OS SERES MARINHOS DO OCEANÁRIO ESTÃO MAIS SEGUROS DO QUE OS QUE NÃO FORAM TIRADOS DO SEU HÁBITAT NATURAL. O MUNDO ESTÁ SENSIBILIZADO PARA O PROBLEMA, MAS O PLÁSTICO TORNOU-SE TÃO COMUM QUE PASSOU A SER INVISÍVEL AOS NOSSOS OLHOS. CASTELOS DE AREIA PODEM SER CONSTRUÍDOS COM AS MÃOS, SEM BALDES E PÁS DE PLÁSTICO. CASTELOS DE PLÁSTICO PODEM SER CONSTRUÍDOS PARA LIMPAR O MAR E AS NOSSAS PRAIAS. VAMOS CONSTRUIR CASTELOS?

MARIA GONÇALVES. CASTELOS NA AREIA. **REVISTA DE MARINHA**, LISBOA, 8 JUN. 2018. DISPONÍVEL EM: HTTPS://REVISTADEMARINHA.COM/CASTELOS-NA-AREIA/. ACESSO EM: 16 MAR. 2020.

Acompanhe a leitura da crônica e descubra um problema que está acontecendo no mar e na areia das praias.

▼ Como podemos mudar essa situação?

▼ Qual convite a autora nos faz?

Pense a respeito dele e escreva ações que podem ajudar.

QUAL É A RIMA QUE DÁ?

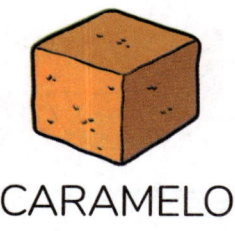

CARAMELO

COGUMELO

CASTELO

VIOLONCELO

ILUSTRAÇÕES: MARCO CORTEZ

UM SOL AMARELO

ILUMINA O _____.

O MENINO COME FARELO

E A MENINA, DOCE DE _____.

NO BOSQUE TÃO BELO

A SENHORA COLHE _____.

MARMELO

NA COZINHA, DE CHINELO,

VOVÓ FAZ UM GOSTOSO _____.

NO JARDIM SINGELO

VOVÔ TOCA _____.

Fazer rimas é diversão!

Observe as ilustrações e leia as palavras. Ouça as frases que o professor lerá e escreva a palavra que melhor completa a rima.

TAREFA PARA CASA 10

OS SONS DAS PALAVRAS

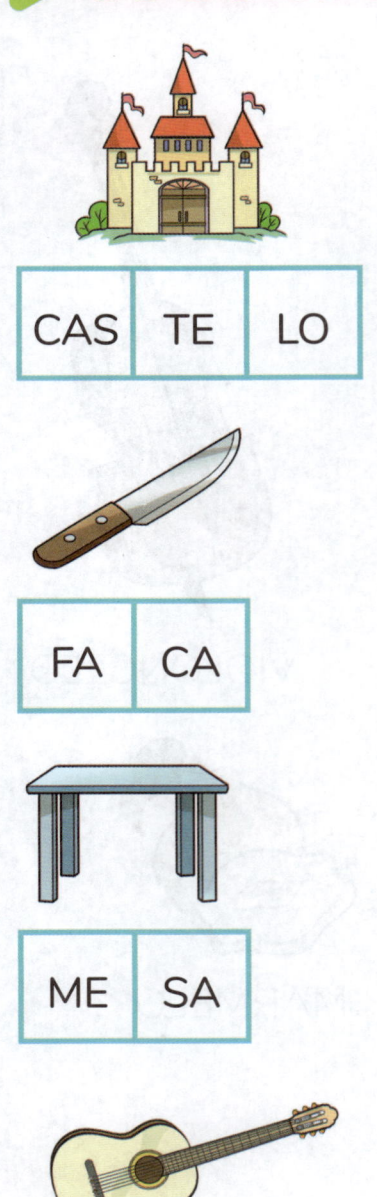

CAS	TE	LO

FA	CA

ME	SA

VI	O	LÃO

ILUSTRAÇÕES: MARCO CORTEZ

ME	LÃO

CAS	CA	TA

VI	O	LE	TA

FA	DA

Leia com o professor essas palavras.

▼ Você conhece as letras iniciais delas?

▼ E o som dessas letras?

Pinte as sílabas de cada palavra utilizando cores diferentes.

Depois, ligue as palavras que têm o mesmo som inicial.

O REI DO CASTELO

O REI PERGUNTOU À RAINHA
QUANTOS REIS O REINO TINHA
A RAINHA RESPONDEU AO REI
QUE O REINO TINHA TANTOS REIS
QUANTO O REI QUERIA.

TRAVA-LÍNGUA.

Ouça a leitura do professor e recite o trava-língua.

- Qual som mais se repete no trava-língua?

Escolha uma letra, escreva quatro palavras iniciadas por essa letra e invente um trava-língua com essas palavras.

Depois, junte-se com os colegas e organizem uma apresentação dos trava-línguas criados. Desenhe no quadro como ficou.

ALÉM DAS PALAVRAS · ESPAÇO DA LEITURA · TALENTO E ARTE

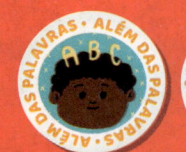

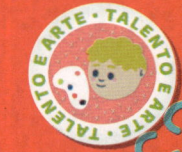

QUERO SER UM PERSONAGEM!

Os personagens fazem parte das histórias, dos filmes, dos desenhos animados e de nossa imaginação. Observe a cena e as fantasias das crianças.

- De que as crianças estão fantasiadas? Você conhece esses personagens?

- De quais histórias eles são? Leia com o professor o título desta unidade.

- Você gostaria de ser um personagem? Qual? Desenhe você mesmo fantasiado desse personagem.

FERNANDA MONTEIRO

▶ QUE HISTÓRIA!

A HISTÓRIA QUE ESTE LIVRO VAI CONTAR

HÁ 100 MILHÕES DE ANOS, UM TEMPO TÃO GRANDE QUE NEM CONSEGUIMOS IMAGINAR, OS DINOSSAUROS ERAM NUMEROSOS E VIVIAM EM MUITOS LUGARES DA TERRA. [...]

[...] OS DINOSSAUROS ERAM OS REIS DO PLANETA.

MAS O TEMPO PASSOU E O REINADO DOS DINOSSAUROS TERMINOU PORQUE TODOS ELES MORRERAM.

HOJE ELES ESTÃO NA IMAGINAÇÃO DE TODOS NÓS, NOS FILMES, NAS HISTÓRIAS EM QUADRINHOS E NOS LIVROS. [...]

ROSICLER MARTINS RODRIGUES. **A VIDA DOS DINOSSAUROS**. SÃO PAULO: MODERNA, 1994. P. 4 E 5.

EDUARDO BELMIRO

★	★	★	★	★	★	★	★	★	★	★	★	★	★	★
★	B	R	A	Q	U	I	O	S	S	A	U	R	O	★
★	★	★	★	★	★	★	★	★	★	★	★	★	★	★

▼ Você já ouviu falar dos dinossauros?

▼ Sabia que eles já existiram?

▼ O que será que aconteceu com eles?

Acompanhe a leitura do professor e pinte as letras do diagrama para descobrir o nome de uma espécie de dinossauro. Depois, pinte-o bem bonito.

▶ E ELE VIROU PERSONAGEM!

(C) DISNEY/BUENA VISTA

▼ Você conhece esse filme? Já o assistiu?

▼ Quem é o personagem principal?

Observe o cartaz e copie o nome do filme.

▼ Por que você acha que o filme recebeu esse nome?

Com os colegas e o professor, listem os outros elementos que aparecem no cartaz.

► ERA UMA VEZ...

O BOM DINOSSAURO

▼ Como é a história do filme **O bom dinossauro**?

Com a ajuda do professor, descubra como é essa história. Depois, com os colegas, recontem-na para que o professor a registre. Por fim, cole a história no espaço acima.

NOMES DIFERENTES

ARLO.

SPOT.

Esses são os personagens principais do filme **O bom dinossauro**. Leia com o professor o nome deles.

▼ Você conhece outros nomes de personagens de filmes? Desenhe um personagem de filme e escreva o nome dele.

TAREFA PARA CASA 11

▶ ESSA TURMA TAMBÉM É PERSONAGEM

[Capa da revista em quadrinhos "Turma da Mônica — O Níver", nº 44]

© MAURICIO DE SOUSA EDITORA LTDA

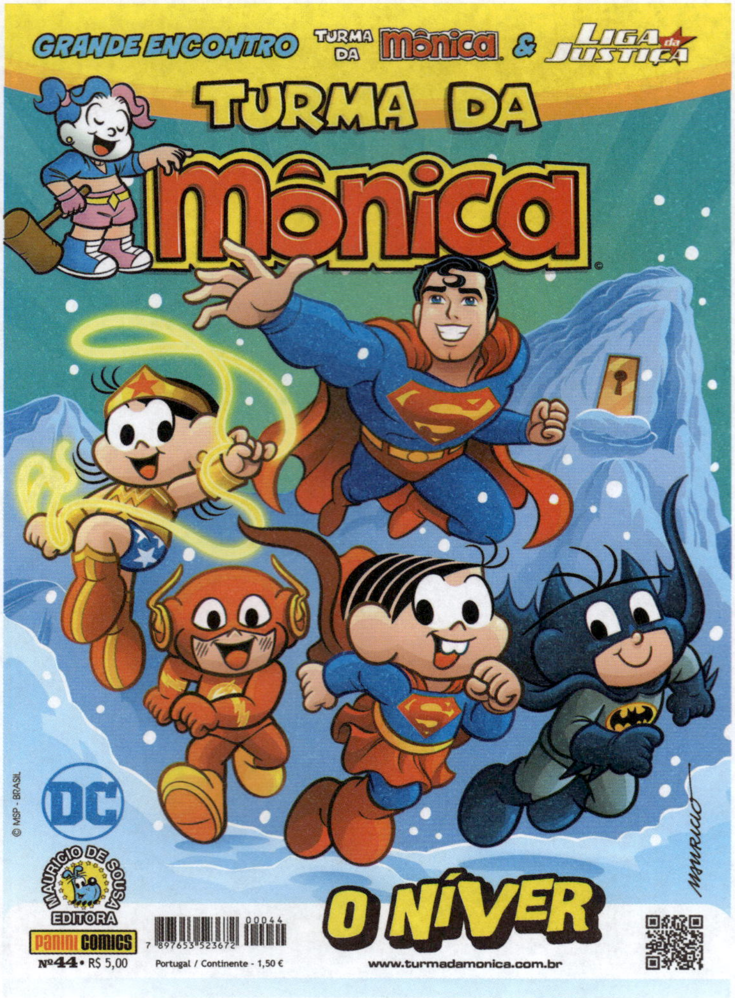

▼ Você conhece essa turma?

   Escreva o nome dos personagens da capa do gibi. Depois, observe a capa atentamente.

▼ Que fantasias os personagens estão usando?

▼ Quem é o super-herói que aparece na capa do gibi?

▼ De qual super-heroína Mônica está fantasiada?

   Converse com os colegas e o professor e registre a resposta nas linhas.

CADA PERSONAGEM, UMA ESCOLHA

CASCÃO

MULHER-MARAVILHA

CEBOLINHA

BATMAN

MAGALI

FLASH

A turma da Mônica decidiu brincar de imitar personagens.

▼ Quais personagens eles escolheram?

Observe novamente a capa do gibi da página anterior e ligue os personagens às fantasias que vestiram.

▶ ENCONTRANDO RIMAS

TÔNICA   CASINHA

              MÔNICA

COLCHÃO   MELÃO

JAVALI   CEBOLINHA   QUATI

                                   CRÔNICA
PENINHA

              MAGALI

SABÃO   ABACAXI

ELETRÔNICA   CASCÃO   BOLINHA

▼ Vamos rimar e ver o que dá?
Encontre as palavras que rimam com o nome dos personagens e ligue-os.
Uma dica: observe as cores das palavras e utilize o alfabeto móvel.

▶ OUVINDO UMA FÁBULA

O LEÃO E O RATINHO

UM VALENTE LEÃO, CANSADO DEPOIS DE CAÇAR, DORMIA À SOMBRA DE UMA FRONDOSA ÁRVORE. FOI ENTÃO QUE SURGIU DO MEIO DA SELVA UM GRUPO DE SEIS RATINHOS QUE RESOLVERAM BRINCAR NAQUELE LOCAL FAZENDO COM QUE O LEÃO ACORDASSE.

O LEÃO, MUITO BRAVO, ACORDOU EMITINDO UM RUGIDO ESTRONDOSO E LOGO SALTOU PARA PERTO DOS RATINHOS. TODOS CONSEGUIRAM FUGIR, MENOS UM, QUE O LEÃO PRENDEU EMBAIXO DE SUA PATA.

TANTO QUE O RATINHO IMPLOROU PARA QUE O LEÃO O DEIXASSE IR EMBORA, QUE O LEÃO RESOLVEU SOLTÁ-LO. ALGUM TEMPO DEPOIS, O LEÃO QUE PASSEAVA PELA SELVA FICOU PRESO EM UMA REDE DE CAÇADORES. NÃO CONSEGUINDO SE SOLTAR, FAZIA A FLORESTA INTEIRA TREMER COM SEUS URROS DE DESESPERO.

O RATINHO QUE PASSAVA POR PERTO, AO OUVIR O LEÃO PEDIR SOCORRO, CORREU PARA AJUDÁ-LO. COM SEUS PEQUENOS E AFIADOS DENTES, ROEU AS CORDAS DA REDE E SOLTOU O LEÃO.

MORAL DA HISTÓRIA: UMA BOA AÇÃO GANHA OUTRA.

CHRISTIANE ANGELOTTI. O LEÃO E O RATINHO. *IN*: **PARA EDUCAR**. [*S. L.*], [20--]. DISPONÍVEL EM: WWW.PARAEDUCAR.COM.BR/P/O-LEAO-E-O-RATINHO.HTML. ACESSO EM: 18 MAR. 2020.

☐ LEÃO   ☐ RATINHO

▼ Você já ouviu uma fábula?

Ouça a fábula que o professor lerá. Pinte no texto de **amarelo** a palavra **LEÃO** e de **azul** a palavra **RATINHO**. Depois, registre nos quadrinhos quantas vezes essas palavras aparecem no texto.

▼ Quem são os personagens dessa história?

▶ CONTANDO A FÁBULA COM DESENHOS

▼ De que outra forma é possível contar a história **O leão e o ratinho**?

Faça um desenho para representar a história. Depois, escreva o nome dos personagens da maneira que souber. Mostre seu trabalho aos colegas e reconte a história com suas palavras.

► LETRAS E MAIS LETRAS

ILUSTRAÇÕES: MARCOS MACHADO

L E Ã O
B U

R A T I N
H O M V

Á R V O R
E C D

R E D E
P O

▼ O que formamos quando juntamos letras?

Observe as figuras e pinte somente as letras que formam cada palavra. Depois, escreva-as.

▼ Que palavras você formou?

Separe no alfabeto móvel as letras que você utilizou na escrita dessas palavras e forme novas palavras. Copie-as no quadro.

SER CIDADÃO

Leia com o professor essa manchete de jornal.

▼ O que está sendo noticiado?

▼ Por que pequenos gestos fazem grandes diferenças?

▼ Por que essa ação faz diferença na vida das pessoas?

Converse com os colegas e o professor, desenhe e escreva uma ação que pode ajudar a quem precisa.

ESPAÇO DA LEITURA • ESPAÇO DA LEITURA •

ALÉM DAS PALAVRAS • ALÉM DAS PALAVRAS •

▶ PERSONAGENS DE OUTROS TEMPOS

POPEYE

ZÉ COLMEIA

PICA-PAU

LIGEIRINHO

JERRY

TINTIM

TOM

BOBBY

PATOLINO

PERNALONGA

PIKACHU

▼ Você sabia que há muito tempo existem desenhos animados e personagens bem legais?

▼ E que as crianças ficavam esperando o horário para assisti-los na TV?

Leia o nome dos personagens e pinte da mesma cor os que começam com a mesma letra.

TAREFA PARA CASA 12

143

▶ MUITO PRAZER, EU SOU...

MARY EVANS/RONALD GRANT/DIOMEDIA

PICA-PAU

© WALT DISNEY CO./COURTESY EVER/AGB PHOTO LIBRARY

ZÉ CARIOCA

▼ Você conhece esses personagens?

Leia o nome deles e descubra algumas informações sobre eles com o professor.

Depois, com um colega, forme novas palavras utilizando as letras dos nomes dos personagens e escreva-as nos quadros. Utilize o alfabeto móvel.

PERSONAGENS DO NOSSO FOLCLORE

ILUSTRAÇÕES: MARCOS MACHADO

SACI-PERERÊ

BOTO COR-DE-ROSA

BOITATÁ

MULA SEM CABEÇA

▼ Você conhece os personagens do folclore brasileiro?
Observe as ilustrações e ligue cada personagem a seu nome.
Depois, ouça as lendas que o professor contará.

▶ E A LENDA É ...

Você conheceu alguns personagens do folclore brasileiro e ouviu algumas lendas. Agora é sua vez de contar.

Com os colegas, escolha uma dessas lendas e recontem-na para que o professor a registre. Depois, cole o texto no quadro e faça um desenho para ilustrá-lo.

▶ PERSONAGENS QUE NÃO ESQUECEMOS

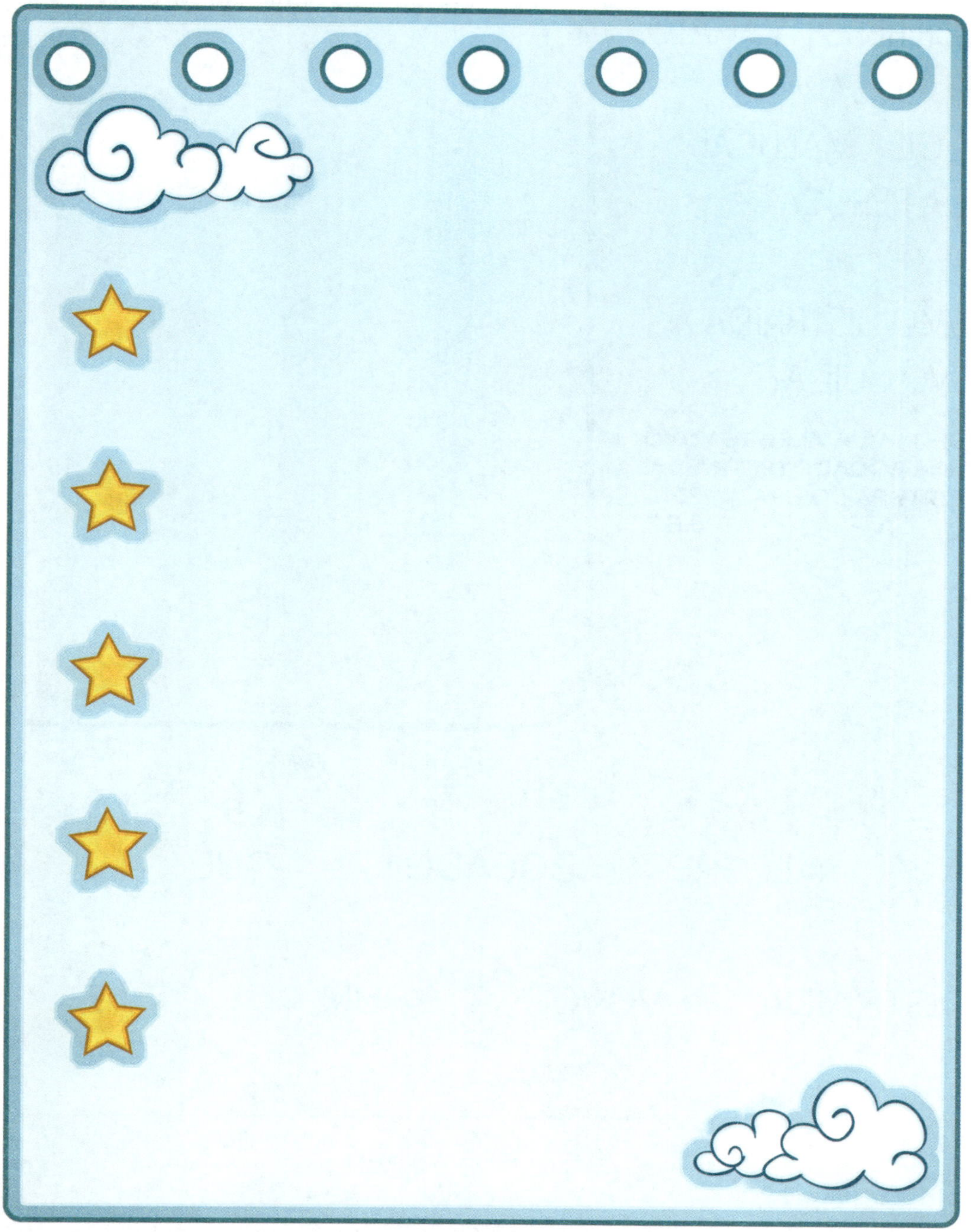

BRUNA ISHIHARA

▼ Você gosta de histórias?

▼ Lembra-se de algum personagem de livro?

▼ Qual personagem de histórias infantis é o seu preferido?

Com os colegas, façam uma lista com o nome dos personagens de livros preferidos de todos. Digam os nomes em voz alta para que o professor os registre na lousa. Depois, copie os nomes no bloco de notas.

► ELA APARECE EM UM LIVRO

PARA DAR DE BEBER AO GATO,
PÔS O LEITE NO SAPATO,
E NO PÉ – COISA MALUCA!
ELA PÔS SUA PERUCA.

NÃO É MESMO DISTRAÍDA A
ALEGRE VOVÓ GUIDA?

TATIANA BELINKY. **A ALEGRE VOVÓ
GUIDA, QUE É UM BOCADO DISTRAÍDA**.
SÃO PAULO: EDITORA DO BRASIL, 2010.
P. 6 E 7.

4	2	8	5	1
GUIDA	ALEGRE	BOCADO	QUE	A

9	3	7	6
DISTRAÍDA	VOVÓ	UM	É

_____ ,

_____

▼ Você conhece a vovó Guida?

▼ Como será que ela é?

Acompanhe a leitura do professor. Depois, copie as palavras em ordem numérica e escreva o nome dessa história.

Por fim, faça um desenho para representar a vovó Guida.

▶ NOSSA, ELA É MESMO DISTRAÍDA!

EM CIMA DA

COLOCOU UMA

DENTRO DO

GUARDOU O PRATO DE

AO LADO DA

PLANTOU UM PÉ DE

EMBAIXO DO

ESCONDEU UM

ILUSTRAÇÕES: MARCO CORTEZ

▼ Lembra-se da vovó Guida e de como ela é distraída?
Sem perceber, nas suas trocas ela fez algumas rimas.
Leia os versos com o professor e observe as imagens. Depois, destaque as figuras da página 203 do encarte e cole-as nos quadros para completar as rimas. Leia com os colegas os versos que você rimou.

▶ E AGORA, VIVA O REI!

A ROUPA NOVA DO REI

NÃO HAVIA NO MUNDO HOMEM MAIS VAIDOSO QUE O REI OLAVO.

EM VEZ DE CUIDAR DOS PROBLEMAS DO POVO, ELE PASSAVA O DIA EM FRENTE AO ESPELHO, EXPERIMENTANDO ROUPAS, SAPATOS E JOIAS.

SEMPRE QUE ALGUÉM IA PROCURÁ-LO, O MINISTRO, EM VEZ DE DIZER QUE O REI ESTAVA NUMA REUNIÃO, RESPONDIA QUE "SUA MAJESTADE ESTAVA NA SALA DE VESTIR".

E A PESSOA, FOSSE RICA OU FOSSE POBRE, TINHA QUE ESPERAR MAIS DE UMA HORA PARA FALAR COM O REI. [...]

A ROUPA NOVA DO REI. **AS MAIS BELAS HISTÓRIAS INFANTIS DE TODOS OS TEMPOS**.
SÃO PAULO: EDITORA GLOBO, 1995. P. 2.

CIBELE QUEIROZ

REI

▼ Quem será o personagem agora?
Leia o texto com o professor e descubra quem é o personagem.
Depois, leia a palavra no quadro e copie do texto outras palavras que tenham a mesma letra inicial.

▶ UM NOVO PERSONAGEM

▼ Depois de ter visto tantos personagens, será que você consegue inventar um?

Invente um personagem, desenhe-o e escolha um nome para ele. Depois, com a ajuda do professor, escreva uma história sobre seu personagem, em uma folha à parte.

▶ TRILHA DO ALFABETO

A C G H J K Q R S U Z Y X W

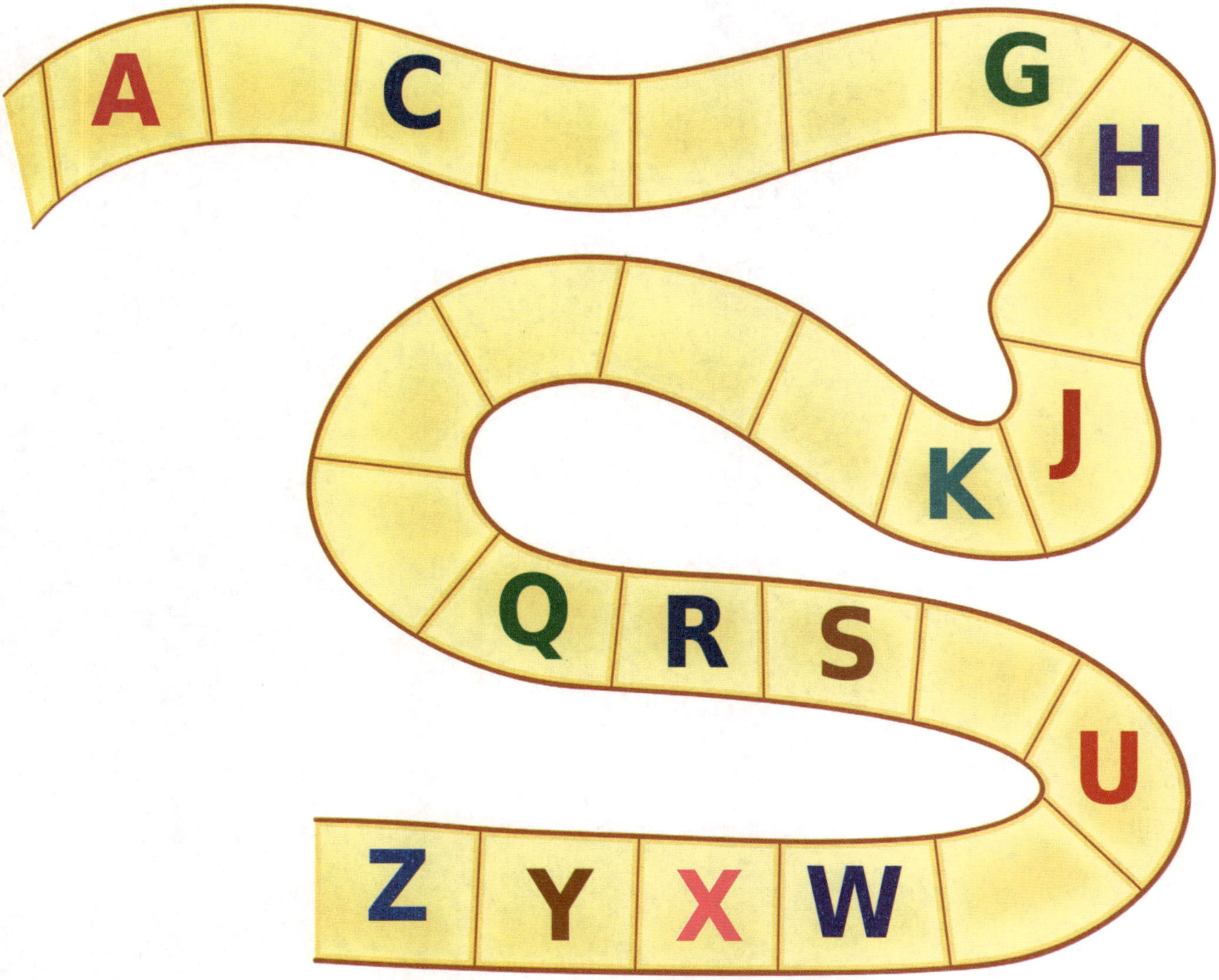

BRUNA ISHIHARA

▼ Você já conhece as letras do alfabeto?

Observe a trilha das letras do alfabeto e complete com as que estão faltando.

Escolha uma das letras e leve para escola um objeto cujo nome inicie com a letra que você escolheu.

TAREFA PARA CASA 2

▶ **O QUE HÁ EM SEU QUARTO?**

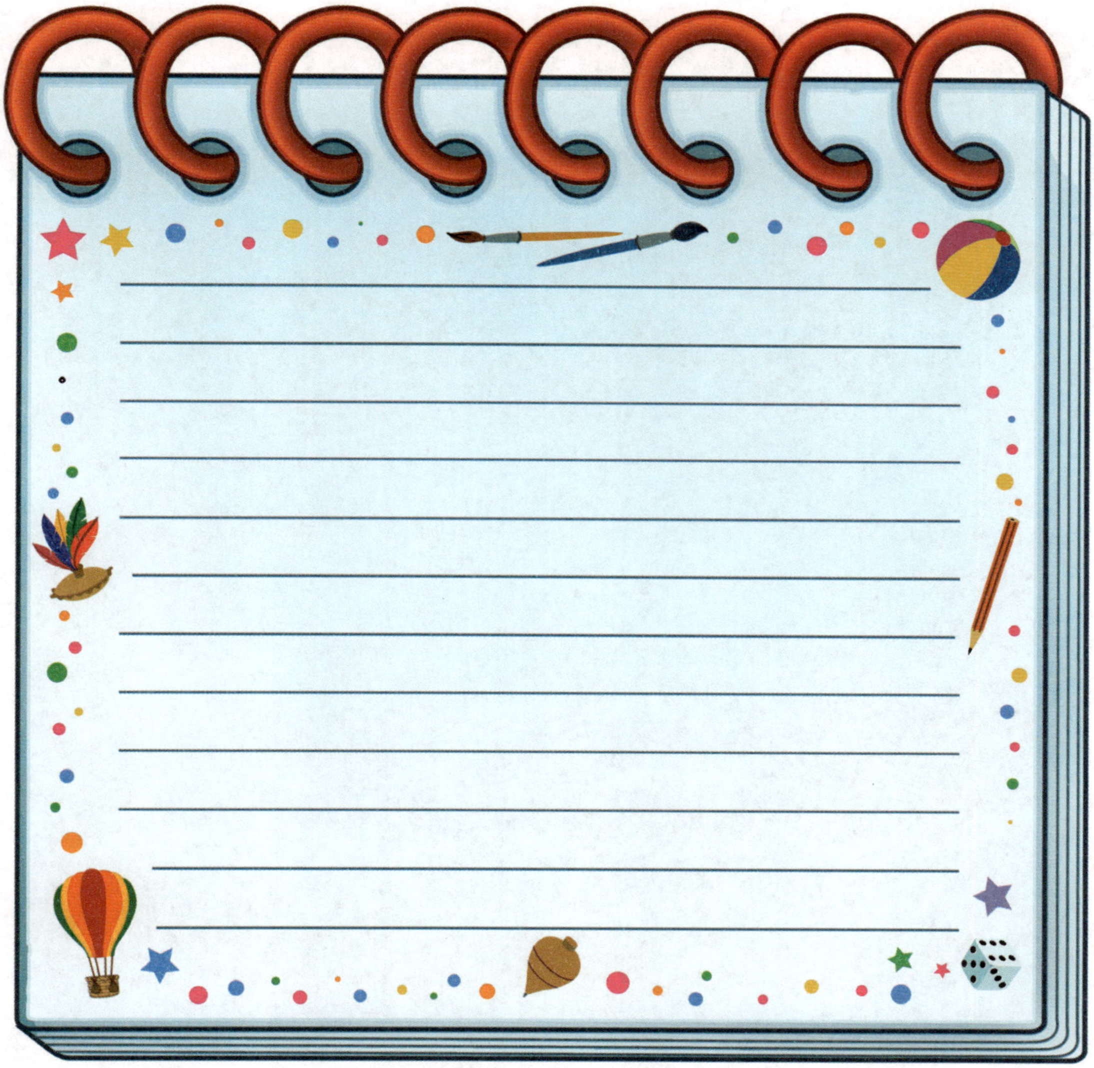

BRUNA ISHIHARA

Imagine que você é um caçador de nomes. Observe os objetos que há em seu quarto e escreva o nome deles no bloco de notas acima da maneira que souber.

Em sala, leia em voz alta os nomes que você escreveu e apresente-os para os colegas e o professor.

TAREFA PARA CASA 3

▶ COM QUE LETRA COMEÇA?

ILUSTRAÇÕES: EDUARDO BELMIRO

Observe esses animais e escreva como souber o nome deles.

▼ Com que letra se inicia o nome de cada um?

Com a ajuda de um familiar, recorte de jornais ou revistas outras palavras que comecem com as mesmas letras e as cole nos quadros correspondentes.

TAREFA PARA CASA 4

▶ PALAVRAS ESCONDIDAS

ILUSTRAÇÕES: BRUNA ISHIHARA

GALINHA

_____

REPOLHO

_____

LAMPIÃO

_____

GALHO

_____

Leia as palavras e encontre novas palavras dentro delas.

▼ Que palavras você encontrou?

Observe as imagens e escreva como souber as palavras encontradas.

TAREFA PARA CASA 5

▶ COM QUE LETRA COMEÇA?

ILUSTRAÇÕES: EDUARDO BELMIRO

Observe esses animais e diga em voz alta o nome deles. Depois, escreva nos quadrinhos a primeira letra do nome de cada um. Por fim, pinte-os.

TAREFA PARA CASA 6

▶ UM NOME PARA CADA UM

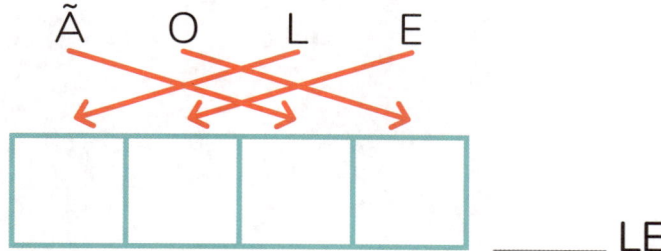

Ã   O   L   E

_____ LETRAS

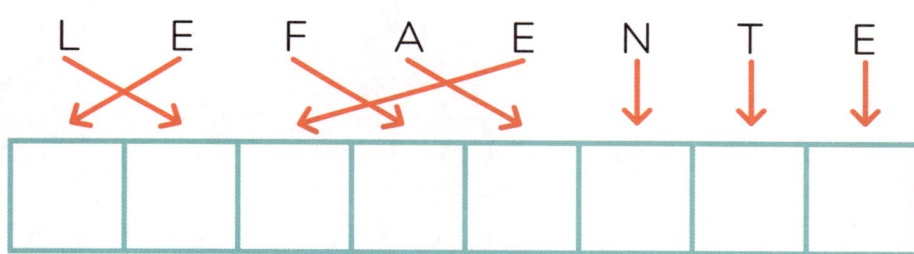

L   E   F   A   E   N   T   E

_____ LETRAS

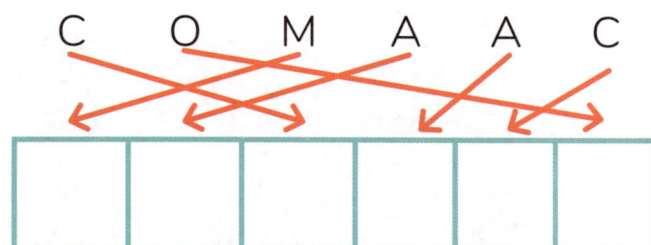

C   O   M   A   A   C

_____ LETRAS

▼ Que bichos vivem no zoológico?

Observe as imagens, desembaralhe as letras e escreva nos quadrinhos o nome dos animais. Siga as setas para saber o lugar de cada letra.

Depois, conte quantas letras tem cada palavra e escreva o número correspondente nas linhas.

▼ Qual palavra é a maior? E qual é a menor?

▶ COMBINANDO OS SONS

ILUSTRAÇÕES: MARCO CORTEZ

SEREIA

BALEIA

TEIA

CAMARÃO

TUBARÃO

PATO

RATO

JACARÉ

VIOLÃO

PICOLÉ

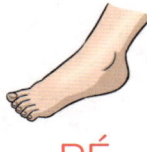

GATO

PÉ

▼ Você já sabe o que é preciso combinar para fazer rimas?

Com a ajuda de um adulto, leia as palavras em **azul** e ligue-as às palavras em **vermelho** que rimam com elas.

▶ DESCUBRA QUEM É QUEM

_____ - _____   _____ - _____

_____ - _____   _____ - _____

_____ - _____   _____ - _____

_____ - _____   _____ - _____

ILUSTRAÇÕES: MARCOS MACHADO

▼ Você sabia que o nome de alguns animais marinhos é formado por duas palavras?

Observe as figuras, escreva o nome delas nos espaços e descubra o nome de algumas espécies de peixes e tubarões. Depois, leia com atenção os nomes que você formou.

TAREFA PARA CASA 9

▶ UMA HISTÓRIA COM CASTELO

▼ Você conhece histórias com castelos?

Desenhe uma história com castelo e escreva o nome dela.

De volta à escola, conte essa história para os colegas e o professor.

TAREFA PARA CASA 10

▶ **COMBINANDO SONS**

ILUSTRAÇÕES: BRUNA ISHIHARA

PANELA

SAPATO

MÃO

VIOLA

PIRATA

▼ Você sabe fazer rimas?

Observe as ilustrações e o nome delas. Depois, escreva palavras que tenham o mesmo som final de cada nome.

ABC · ALÉM DAS PALAVRAS · ALÉM DAS PALAVRAS ·

TAREFA PARA CASA 11

▶ **MEU FILME PREFERIDO**

▼ Qual é o seu filme preferido?
Faça um desenho para representá-lo e escreva como souber o nome dele.

TAREFA PARA CASA 12

▶ PERSONAGENS ANTIGOS

Converse com seus pais ou responsáveis sobre os personagens de desenho preferidos deles.

▼ Qual era o personagem de desenho favorito deles?

▼ Como ele era?

Peça a um adulto que desenhe o personagem preferido dele e conte a você como era. Depois, escreva o nome do personagem.

▶ ENCARTES DE ADESIVO

PÁGINA 21

PÁGINA 44

FUI MORAR NUMA CASINHA NHA
INFESTADA DA
DE CUPIM PIM PIM
SAIU DE TRÁS, TRÁS, TRÁS
UMA LAGARTIXA XA
OLHOU PRA MIM, OLHOU PRA MIM
E FEZ ASSIM!

RODA, COTIA
DE NOITE, DE DIA.
O GALO CANTOU
E A CASA CAIU!

PÁGINAS 58 E 59

ILUSTRAÇÕES: FERNANDA MONTEIRO

PÁGINAS 106 E 107

ILUSTRAÇÕES: FERNANDA MONTEIRO

185

ILUSTRAÇÕES: MARCOS MACHADO

A	A	A	B	C
D	E	E	E	F
G	H	I	I	I
J	K	L	M	N
O	O	O	P	Q
R	S	T	U	U
V	W	X	Y	Z

A A A B C

D E E E F

G H I I I

J K L M N

O O O P Q

R S T U U

U V W X Y

Z Ç Ç

PÁGINA 12

PÁGINA 40

PÁGINA 79

PÁGINA 89

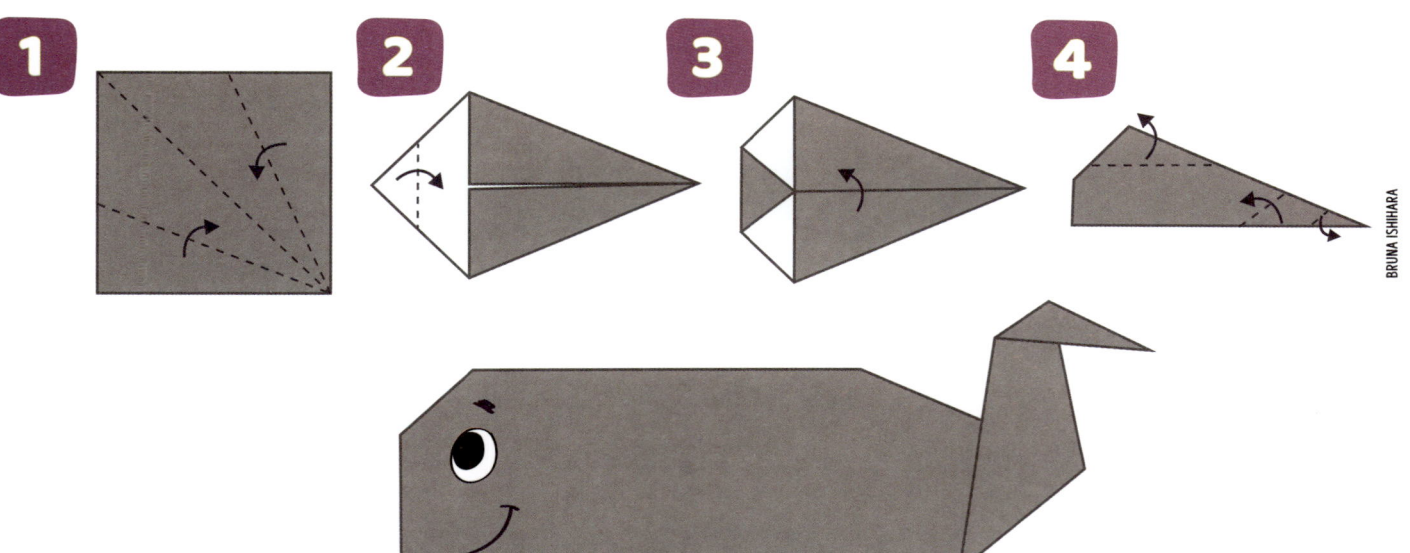

BRUNA ISHIHARA

PÁGINAS 106 E 107

ILUSTRAÇÕES: FERNANDA MONTEIRO

PÁGINA 149

ILUSTRAÇÕES: MARCO CORTEZ

EM FAMÍLIA

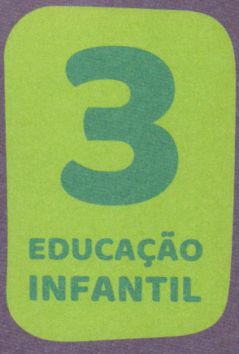

3

EDUCAÇÃO
INFANTIL

Editora
do Brasil

APRESENTAÇÃO

É preciso uma aldeia para se educar uma criança.

Provérbio africano.

Alohaflamingo/Shutterstock.com

A educação de uma criança é um processo que envolve a família, a escola e toda a sociedade. Trata-se de uma responsabilidade compartilhada por todos nós.

Sabemos que na primeira infância, período que vai do nascimento até os 6 anos de idade, é construído o alicerce para a vida adulta.

Aos pais e demais cuidadores da criança, impõe-se a difícil tarefa de fazer escolhas ao longo desse processo de desenvolvimento, as quais precisam estar permeadas de responsabilidade, amor, criatividade e uma pitada de bom humor.

Buscando fortalecer a parceria entre escola e família, a Coleção Mitanga oferece o *Mitanga em família*, um caderno lúdico e, ao mesmo tempo, informativo, que busca disponibilizar aos pais e demais familiares uma aproximação de temas interessantes e atuais que estão ligados à primeira infância.

Além de textos e atividades para desenvolver com a criança, o material contém sugestões de livros, documentários, filmes e músicas. Também estão reservados, para cada tema abordado, espaços para escrever relatos, colar fotos, desenhar e pintar.

Este material é, portanto, uma obra inacabada e um convite para que os responsáveis pela criança interajam com o assunto e ajudem a construir uma agradável lembrança desta fase tão importante da vida humana.

Acompanhar o processo de desenvolvimento de uma criança é uma tarefa muito empolgante para todos que estão a seu redor. Cada criança é um ser humano único, com sua forma particular de ser e de compreender o mundo social em que vive. Esperamos que as informações e sugestões apresentadas nesta publicação sejam um instrumento de reflexão que contribua para o fortalecimento do vínculo entre pais e filhos, enriquecendo o trabalho desenvolvido no ambiente escolar.

SUMÁRIO

1 BASE NACIONAL COMUM CURRICULAR

▶ Afinal, o que é a BNCC?

É um documento que define as aprendizagens essenciais que todos os alunos devem desenvolver ao longo das etapas e modalidades da Educação Básica, de modo que tenham assegurados seus direitos de aprendizagem e desenvolvimento, em conformidade com o que preceitua o Plano Nacional de Educação (PNE). Com a homologação desse documento, o Brasil inicia uma nova era na educação e se alinha aos melhores e mais qualificados sistemas educacionais do mundo.

A BNCC foca no desenvolvimento de **competências**, por meio da indicação clara do que os alunos devem "saber" e, sobretudo, do que devem "saber fazer" para resolver as demandas complexas da vida cotidiana, do pleno exercício da cidadania e do mundo do trabalho. Além disso, explicita seu compromisso com a **educação integral**, que visa construir processos educativos que promovam aprendizagens alinhadas às necessidades, possibilidades e interesses dos estudantes, bem como aos desafios da sociedade atual.

sattva78/Shutterstock.com

No novo cenário mundial, reconhecer-se em seu contexto histórico e cultural, comunicar-se, ser criativo, analítico-crítico, participativo, aberto ao novo, colaborativo, resiliente, produtivo e responsável requer muito mais do que o acúmulo de informações. Requer o desenvolvimento de competências para **aprender a aprender**, saber lidar com a informação cada vez mais disponível, atuar com discernimento e responsabilidade nos contextos das culturas digitais, aplicar conhecimentos para resolver problemas, ter autonomia para tomar decisões, ser proativo para identificar os dados de uma situação e buscar soluções, conviver e aprender com as diferenças e as diversidades.

BRASIL. Ministério da Educação. *Base Nacional Comum Curricular*. Brasília, DF: Ministério da Educação, 2018. p. 14.

Quais são os 6 direitos de aprendizagem e desenvolvimento?

EDUCAÇÃO INFANTIL

Conviver | Brincar | Participar | Explorar | Expressar | Conhecer-se

PRINCIPAIS APRENDIZAGENS PARA A EDUCAÇÃO INFANTIL

Campo: O eu, o outro e o nós

- Respeitar e expressar sentimentos e emoções.
- Atuar em grupo e demonstrar interesse em construir novas relações, respeitando a diversidade e solidarizando-se com os outros.
- Conhecer e respeitar regras de convívio social, manifestando respeito pelo outro.

Campo: Traços, sons, cores e formas

- Discriminar os diferentes tipos de sons e ritmos e interagir com a música, percebendo-a como forma de expressão individual e coletiva.
- Expressar-se por meio das artes visuais, utilizando diferentes materiais.
- Relacionar-se com o outro empregando gestos, palavras, brincadeiras, jogos, imitações, observações e expressão corporal.

Campo: Espaços, tempos, quantidades, relações e transformações

- Identificar, nomear adequadamente e comparar as propriedades dos objetos, estabelecendo relações entre eles.
- Interagir com o meio ambiente e com fenômenos naturais ou artificiais, demonstrando curiosidade e cuidado com relação a eles.
- Utilizar vocabulário relativo às noções de grandeza (maior, menor, igual etc.), espaço (dentro e fora) e medidas (comprido, curto, grosso, fino) como meio de comunicação de suas experiências.
- Utilizar unidades de medida (dia e noite; dias, semanas, meses e ano) e noções de tempo (presente, passado e futuro; antes, agora e depois) para responder a necessidades e questões do cotidiano.
- Identificar e registrar quantidades por meio de diferentes formas de representação (contagens, desenhos, símbolos, escrita de números, organização de gráficos básicos etc.).

Campo: Corpo, gestos e movimentos

- Reconhecer a importância de ações e situações do cotidiano que contribuem para o cuidado de sua saúde e a manutenção de ambientes saudáveis.
- Apresentar autonomia nas práticas de higiene, alimentação, vestir-se e no cuidado com seu bem-estar, valorizando o próprio corpo.
- Utilizar o corpo intencionalmente (com criatividade, controle e adequação) como instrumento de interação com o outro e com o meio.
- Coordenar suas habilidades manuais.

Campo: Escuta, fala, pensamento e imaginação

- Expressar ideias, desejos e sentimentos em distintas situações de interação, por diferentes meios.
- Argumentar e relatar fatos oralmente, em sequência temporal e causal, organizando e adequando sua fala ao contexto em que é produzida.
- Ouvir, compreender, contar, recontar e criar narrativas.
- Conhecer diferentes gêneros e portadores textuais, demonstrando compreensão da função social da escrita e reconhecendo a leitura como fonte de prazer e informação.

BRASIL. Ministério da Educação. *Base Nacional Comum Curricular*. Brasília, DF: Ministério da Educação, 2018. p. 52-53.

2 O DESENVOLVIMENTO DA CRIANÇA

Mais um ano se passou e seu pequeno está cada dia mais crescido. A passagem do tempo, pouco a pouco, está deixando de ser um mistério para ele, que começa a entender o que é ontem, hoje e amanhã.

Seu desenvolvimento continua dando sinais de progresso constante. Com sua independência e controle emocional, acaba por entender e aceitar os comandos dos pais, diminuindo bastante a ocorrência de "birras". As crianças são falantes, curiosas e muito imaginativas.

Estimular o diálogo e criar momentos para que seu filho compartilhe com você suas vivências é muito importante. Isso permitirá que ele se sinta acolhido e motivado para contar algo todas as vezes que sentir vontade.

A fase da alfabetização e letramento também começa nesse período. É importante que os pais não fiquem ansiosos pelo momento em que seus filhos começarão a ler e escrever; essa etapa ocorrerá de forma gradual. Desse modo, salientamos aos pais que não os comparem a outras crianças, respeitem os limites individuais de cada um, valorizem as conquistas, encorajem seus filhos a fazer novas descobertas, estimulem a curiosidade (que é fértil nessa fase), valorizem o modo pelo qual eles pensam e compreendem o mundo, respeitem o tempo da criança para brincar, aprender, descobrir e se desenvolver de forma integral.

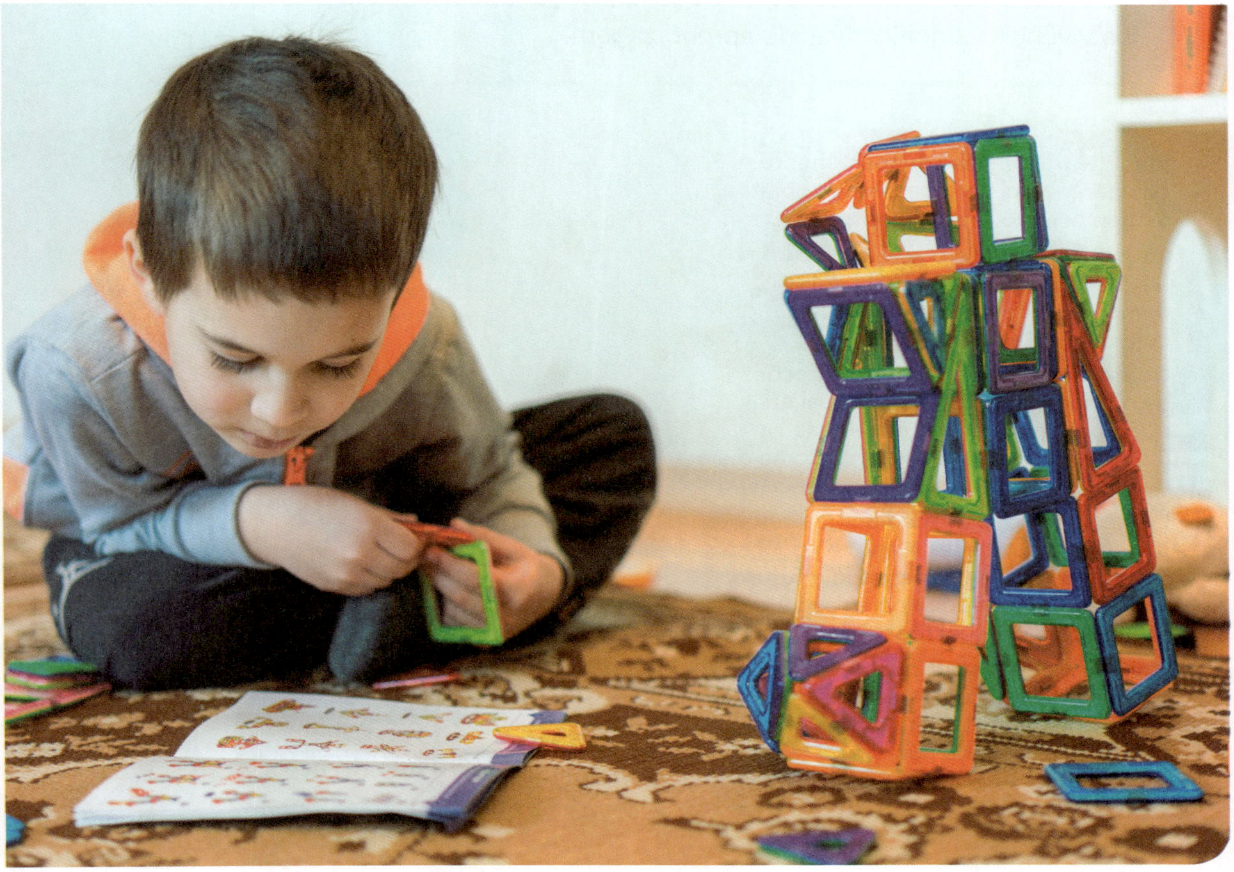

Petrychenko Anton/Shutterstock.com

▶ Crianças de 5 a 6 anos

Desenvolvimento esperado

▼ Falar fluentemente, utilizando corretamente os tempos verbais, pronomes e o plural.

▼ Ter capacidade de memorizar histórias, repeti-las e recontá-las a seu modo.

▼ Compreender conceitos de tempo como **ontem**, **amanhã**, **antes** e **depois**, além dos dias da semana.

▼ Aumentar a capacidade de esperar por sua vez.

▼ Ser capaz de conviver com seus pares.

▼ Ser solidário.

▼ Ter mais autonomia em suas atividades diárias.

▼ Praticar esportes coletivos, que contribuem para o processo de socialização.

▼ Aumentar, gradativamente, as responsabilidades com seus cuidados pessoais.

▼ Auxiliar em tarefas de casa simples, quando requisitado.

▼ Participar de brincadeiras criativas individual ou coletivamente.

▼ Praticar atividades orais, como relatos, em que ela possa contar como foi seu dia, suas férias etc.

▼ Desenvolver o ato de ouvir com atenção e interesse a fala de colegas e adultos.

▼ Vivenciar passeios, excursões e viagens (com a família ou com a escola) retirando delas vivências significativas de aprendizagem.

Monkey Business Images/Shutterstock.com

Tempo livre e silêncio: o poder do ócio na vida das crianças

A importância de saber não fazer nada em uma sociedade que cada vez mais exige que façamos tudo. O tempo todo.

[...]

"Quando nada acontece, há um milagre que não estamos vendo".

Guimarães Rosa diz isso no livro *Grande Sertão: Veredas*, e faz pensar sobre o valor do 'nada' como elemento de contemplação e entendimento do mundo.

Assim como os adultos, as crianças também recebem cada vez mais estímulos e informações a todo momento; com isso, elas ficam expostas a situações em que devem desempenhar algum papel. Ao contrário, os momentos livres de qualquer aprendizado ou finalidade são cada vez mais raros.

Ao apresentar aos pequenos mais opções de atividades do que elas podem absorver, acabamos privando sua liberdade de ser [...]. Mais do que encher os pequenos de mais estímulos e informações além dos que eles já recebem do mundo, por que não oferecer momentos de silêncio, experiências afetivas, memórias?

Brincar × Consumir

Dissociar a brincadeira do consumo é mais difícil do que parece; em um sistema capitalista, o conceito de experiência está diretamente ligado ao ato de consumir.

Para Gabriela Romeu, jornalista, pesquisadora e idealizadora do projeto "Infâncias", mais do que tentar ignorar essa realidade com a qual a criança terá contato mais cedo ou mais tarde, o importante é atribuir valores ao que consumimos para que aquilo se torne uma experiência.

"Vivemos em uma sociedade de consumo, e consumir não é errado, desde que ele seja significado. A nossa sociedade acredita que a criança precisa do brinquedo pronto, e existe toda uma indústria em torno disso. Na verdade, o que ela precisa é de tempo e espaço: o resto ela inventa", explica.

Para Gabriela, o consumo tira a possibilidade de a criança vivenciar a infância, já que esvazia experiências de descobertas que ela só teria caso fosse exposta a momentos de brincadeira livre, espaço e tempo de explorar o mundo, seu corpo e suas sensações por si própria.

Como ter mais tempo quando ninguém tem tempo?

O acesso ao tempo é uma discussão fundamental nessa conversa. A realidade de muitas famílias, que trabalham o dia todo para garantir o sustento dos filhos, nem sempre permite que esse 'tempo e espaço' possa ser colocado em prática.

Da mesma forma, nos ambientes de ensino, a lógica do desempenho e do aprender escolarizado não proporciona esses 'espaços em branco' de que estamos falando, tão necessários para a criança ser em liberdade.

O caminho para isso é "conquistar" o tempo, mesmo que seja um pouco por dia: pode ser um olho no olho entre pai e filho antes de dormir, um passeio ao ar livre sem rumo certo, deitar na grama, aproveitar a companhia um do outro em silêncio. [...]

Como poupar as crianças dos males do nosso tempo?

Para a professora italiana Chiara Spaggiari, o caminho é mais simples do que parece: o mínimo de interferência dos adultos para o máximo de liberdade de ser criança. "A criança precisa ser deixada livre para observar, escolher, se aproximar e se afastar, e experimentar o mundo de diversos modos".

[...].

PENZANI, Renata. Tempo livre [...]. *Lunetas*, São Paulo, 21 out. 2016. Disponível em: https://lunetas.com.br/tempo-livre-e-silencio-o-poder-do-ocio-na-vida-das-criancas/. Acesso em: 22 abr. 2020.

PROPOSTAS DE ATIVIDADES

Comecei o ano assim...

Cole abaixo uma fotografia atual de seu filho.

Nikolaeva/Shutterstock.com

O que já sei fazer sozinho?

Escreva abaixo algumas conquistas recentes de seu filho.

3 A IMPORTÂNCIA DO BRINCAR

Brincar é essencial para o desenvolvimento da criança; contudo, atualmente, as crianças estão brincando cada vez menos. Os fatores que levam a isso são diversos: excesso de atividades extracurriculares, confinamento em pequenos espaços, avanço da tecnologia, violência nas ruas etc.

É importante criar momentos no dia a dia da criança em que ela tenha espaço e tempo para brincar livremente e explorar o ambiente.

Outra questão importante que vale a reflexão dos pais é a associação do brincar com a compra de brinquedos. Para brincar, a criança não precisa de brinquedos caros e muito estruturados; pelo contrário, quanto mais simples o ambiente e os objetos disponíveis para o brincar, mais a criança utiliza sua imaginação e criatividade e inventa brincadeiras.

alexei_tm/Shutterstock.com

 ## Para ler e se inspirar

Detone este livro com seu filho, de Marcos Mion (Fontanar, 2019).

Deixe o celular e as preocupações de lado e dê o melhor presente para seus filhos: tempo de qualidade para passarem juntos. O autor *best-seller* Marcos Mion lança um desafio para todos os pais: passar mais tempo de qualidade com os filhos apenas brincando e curtindo. Para ajudar na tarefa, ele reuniu 46 atividades lúdicas e 20 adivinhas que vão levar pais e filhos a se divertirem com corridas, *origamis*, desenhos, cartas e jogos, tudo regado com muito *ketchup*.

"Detone esse livro com seu filho" de Marcos Mion, Editora Fontanar 2019

Entenda os riscos e saiba como evitar o sedentarismo infantil

Crianças que não praticam atividades físicas podem tornar-se adultos com problemas de saúde. Para prevenir, pais devem orientar hábitos dos filhos.

O sedentarismo infantil costuma ser a causa de sérios danos à saúde, que podem se refletir na vida adulta. Os dados sobre obesidade infantil são alarmantes. Um estudo apresentado no 5º Congresso Internacional de Atividade Física e Saúde Pública, em 2015, mostrou que, em média, 39% das crianças estão acima do peso no mundo inteiro. Um alerta para os pais e familiares. [...]

Dicas de como prevenir o sedentarismo infantil

1. **Seja o exemplo.** Faça de seus hábitos pessoais o exemplo que você quer que seus filhos sigam. As crianças vão entender aquilo como algo normal para a vida, não uma obrigação somente dele.

2. **Não brigue nem obrigue, apenas convença.** Não adianta tentar forçar a barra, pois poderá gerar uma aversão às atividades físicas na criança. Dialogue, converse, convença e divirta-se com seus filhos.

3. **Leve as crianças para passear ao ar livre.** Faça com que elas sintam prazer em correr por espaços abertos e seguros como parques, por exemplo. Criança acostumada apenas a locais fechados (como os *shoppings*) tende a limitar sua forma de se movimentar.

4. **Crie um ambiente divertido.** Este é o objetivo de qualquer atividade na infância e deve reger também os programas feitos em família. O prazer destes momentos ficará gravado na memória emocional, e as atividades físicas serão sempre uma forma de revivê-los.

5. **Imponha limites.** Não deixe que os filhos definam o período pelo qual estarão diante da TV ou de outras tecnologias (*smartphones*, *tablets* etc.), pois os atrativos destes equipamentos são enormes e isso levará ao sedentarismo.

6. **Pense na possibilidade da iniciação esportiva.** Aulas de natação, escolinha de futebol ou qualquer outra atividade ligada a um esporte. Ainda que no futuro as crianças não venham a ser atletas de alto rendimento na disputa por troféus e medalhas, os ganhos para a saúde são inúmeros.

Luca Santilli/Shutterstock.com

ENTENDA os riscos [...]. *A Revista da Mulher*, Paris, 13 fev. 2017. Disponível em: www.arevistadamulher.com.br/faq/27393-entenda-os-riscos-e-saiba-como-evitar-o-sedentarismo-infantil. Acesso em: 26 abr. 2020.

PROPOSTAS DE ATIVIDADES

Tempo juntos

Cozinhar juntos é uma das experiências mais significativas que pais e filhos podem viver. O preparo e degustação do alimento é uma excelente oportunidade de conexão com o outro e desenvolvimento de bons hábitos – daí a importância de aproveitar para reunir a família nesses momentos.

Propomos aqui que convidem as crianças para fazer pão. Aceitam o desafio?

Pão Mitanga em Família

Ingredientes:

- ▼ 400 g de farinha de trigo integral;
- ▼ 600 g de farinha de trigo branca;
- ▼ 40 g de fermento;
- ▼ 20 g de sal;
- ▼ 80 g de manteiga derretida;
- ▼ 550 ml de água;
- ▼ 1 pitada de açúcar.

Modo de fazer

1. O primeiro passo é dissolver o fermento em água morna com uma pitada de açúcar e outra de amor. Depois, misturar a farinha, o sal e o fermento. Por último, colocar a manteiga misturada com muito carinho.

2. Hora de colocar a mão na massa, literalmente! Sovem a massa por 10 a 15 minutos, amassando bem e observando a mágica acontecer com o uso de suas mãos.

3. Bom, agora vocês e a massa descansam por 20 minutos.

4. Em seguida, voltem a sovar a massa por mais 10 minutos ou até ela ficar bem lisinha.

5. Coloquem a massa em formas de pão untadas e polvilhadas com farinha de trigo e pó de gratidão.

6. Esperem a massa dobrar de tamanho. Isso leva mais ou menos 40 minutos; vai depender da temperatura ambiente. Nesse momento, aproveitem para desfrutar da arte da paciência e da contemplação. Uma opção é se distrair cantando, dançando, conversando e o que mais vocês tiverem vontade de fazer.

7. Por fim, façam talhos com uma faca na massa e levem ao forno quente (200°) por 45 a 60 minutos.

8. Quando o pão estiver pronto, convidem todos da família para sentir o cheirinho e saborear esse alimento preparado com tanto amor por vocês.

Bom apetite!

Como foi a produção do pão na sua casa? Escreva abaixo um texto ou poema com a ajuda de seu filho.

Agora, cole abaixo uma foto desse delicioso momento em família. Se preferir, façam um desenho juntos.

4 PEQUENOS CIENTISTAS

Aos 5 anos, o mundo é um campo inesgotável de experiências a serem exploradas. As crianças anseiam ver, tatear, cheirar, sentir o gosto, ouvir o som de tudo que as rodeiam. Nessa idade, ainda têm sensibilidade aflorada e capacidade de se assombrar diante do banal. Tudo causa espanto ou encantamento: uma aranha, um formigueiro, uma concha de caramujo, uma flor desabrochando, o zunir das cigarras, o arco-íris, o corpo do colega, a Lua.

Pesquisas em neurociência apontam a importância de encorajar essa curiosidade natural da criança. Uma pergunta respondida de maneira inteligente e sensível por um adulto é o trampolim para o surgimento de novas perguntas e a condição para que a criança cultive o desejo pelo conhecimento. Cabe a nós, pais e educadores, cuidar para que essa chama não vá se apagando ao longo dos anos.

Melanie DeFazio/Shutterstock.com

> A criança é naturalmente um ser muito curioso, que está sempre buscando respostas para aquilo que observa e vivencia no dia a dia.

Para ler

Educar na curiosidade: a criança como protagonista da sua educação, de Catherine L'Ecuyer (Fons Sapientiae, 2016).

A autora oferece caminhos para que pais e professores saibam respeitar o desenvolvimento natural infantil, por meio do despertar da curiosidade, do instigar para o aprendizado.

"Educar na Curiosidade - A Criança Como Protagonista da Sua Educação" por Catherine L'Ecuyer, Editora Fons Sapientiae 2016

▶ Perguntas de criança

O projeto "Universidade das Crianças", da UFMG, tem por missão induzir a aproximação entre crianças e o universo científico de uma forma lúdica. São coletadas perguntas infantis que se transformam em textos e animações. Veja abaixo algumas dessas perguntas.

Passarinho chora? Se sim, como isso acontece?

O choro é uma maneira que temos de mostrar que tem algo errado conosco. A gente chora quando está triste, com alguma dor, muito alegre, emocionado, com muuuita raiva... e muitas dessas vezes o choro vem com muitas lágrimas.

Os pássaros, assim como nós, humanos, possuem as chamadas glândulas lacrimais. Essas glândulas é que produzem a lágrima. Só que a lágrima não serve apenas para molhar nossos olhos quando estamos chorando. Elas servem para proteger os olhos de qualquer coisa estranha que entre neles. A lágrima não tem apenas água, sal e açúcar como o soro caseiro. Ela tem anticorpos e outras substâncias para evitar que tenhamos infecções quando um vírus ou bactéria ou mesmo uma poeirinha chata entra nos nossos olhos. Nos passarinhos a lágrima também serve para proteção. Mas os cientistas acham que quando o passarinho está triste, ele não mostra sua tristeza com lágrimas. Na natureza, os animais conversam de maneiras diferentes uns com os outros. O canto dos pássaros pode parecer triste para nós, mas só mesmo sendo um passarinho para entender se ele está chorando ou não.

PASSARINHO chora? [...]. *Universidade das Crianças*, Belo Horizonte, [2017?]. Disponível em: www.universidadedascriancas.org/perguntas/passarinho-chora-se-sim-como-isso-acontece/. Acesso em: 26 abr. 2020.

Por que temos meleca no nariz?

[...] Nós temos meleca porque precisamos dela!

Ela serve como um filtro para o ar que respiramos, principalmente se você vive em uma cidade poluída, como Belo Horizonte. Na meleca ficam grudadas partículas de poeira e poluição, que podem causar alergias e outras doenças. Quando há uma infecção, seja por um vírus ou por uma bactéria, a produção de meleca aumenta para tentar eliminar esses invasores. Dessa forma, de vez em quando é preciso removê-la para que ela não atrapalhe a nossa respiração.

Então nada de comer meleca, hein? Ao fazer isso você estará levando para dentro do seu organismo bactérias, vírus e outros microrganismos, além de muita poeira!

[...] Agora sabemos que, apesar de um pouco nojenta, a meleca é muito importante para a nossa saúde, pois ela é um mecanismo que nosso corpo usa para se defender.

Interessante, não acharam?

POR que temos [...]. *Universidade das crianças,* Belo Horizonte, [2017?]. Disponível em: www.universidadedascriancas.org/perguntas/por-que-temos-meleca-no-nariz/. Acesso em: 26 abr. 2020.

Por que não posso ser herói?

[...] Quando pensamos em heróis, logo vêm a nossa cabeça aqueles personagens imaginários que possuem superpoderes como atravessar paredes, ler mentes, voar, visão raio X e superforça. Eles usam suas habilidades para lutar contra as ameaças e proteger as pessoas do perigo e, quando assistimos filmes ou lemos histórias sobre eles, dá muita vontade de sair por aí salvando o mundo, não é mesmo?

Mas será que ao invés de encararmos lutas pesadas contra vilões perigosos, existem outras maneiras de sermos heróis? Sim! Basta realizarmos ações simples que contribuem para o bem-estar de todos. Assim conseguiremos ser heróis de verdade!

E isso não é uma tarefa difícil, quer ver? Cooperar com os pais nas tarefas de casa; cuidar dos animais; economizar água; não jogar lixo no chão; cuidar dos nossos coleguinhas quando eles precisarem e respeitar todas as pessoas são atitudes que nos fazem ser heróis!

Além disso, existem aqueles outros heróis que não usam capas e não estão nos quadrinhos: são os nossos pais, professores e pessoas que cuidam da gente! São eles que nos ajudam, nos protegem e nos dão lições valiosas para toda a vida!

Sendo assim, existem várias maneiras de sermos heróis, basta deixar a bondade nos guiar! Então [...] você pode sim ser herói! E da vida real, o que é ainda mais legal.

POR que não [...]? *Universidade das Crianças*, Belo Horizonte, [2019?]. Disponível em: www.universidadedascriancas.org/perguntas/por-que-nao-posso-ser-heroi. Acesso em: 26 abr. 2020.

Rawpixel.com/Shutterstock.com

Para ler

Pequenas histórias para grandes curiosos, de Marie-Louise Gay (Brinque-Book, 2018).

O que você vê quando fecha os olhos? Você conhece alguém invisível? Sabe o que há na toca do coelho? E que os caracóis recebem visitas em suas conchas? Por que os gatos atacam poltronas? Esse livro nos leva a uma jornada de perguntas e descobertas que nascem da grande curiosidade dos pequenos leitores.

"Pequenas Histórias para Grandes Curiosos" por Marie-Louise Gay, Editora Brinque-Book, 2018

PROPOSTAS DE ATIVIDADES

Quais foram as perguntas mais "cabeludas" que seu filho já fez a vocês? Escrevam algumas delas abaixo.

Mulheres cientistas se destacaram ao longo de toda a história; porém, mesmo com invenções e descobertas que revolucionaram a maneira como vemos o mundo, elas compõem apenas 28% do cenário mundial da ciência, segundo dados da Unesco de 2018.

Jornal da USP (5/2/2020).

Rawpixel.com/Shutterstock.com

De que forma vocês acham que é possível, desde a infância, contribuir para que as crianças ocupem cargos de cientistas em nossa sociedade? Escrevam abaixo.

5 UM DIA DIFERENTE

A criança não aprende somente no ambiente escolar. Durante a primeira infância (período que vai do nascimento aos 6 anos), ela faz conexões cerebrais o tempo todo. Todos os estímulos sensoriais, motores e cognitivos contribuem para a realização dessas conexões.

Aprende-se o tempo todo e em todos os lugares; por isso, quanto mais vivências a criança tiver, maior as possibilidades de ampliar os aprendizados.

Passear ao ar livre, conhecer uma fazenda, andar de bicicleta, ir ao cinema, teatro, museus, bibliotecas... Opções não faltam!

A sugestão é que vocês planejem um dia diferente para toda a família – um dia para cultivar valores verdadeiros, cheio de intenção, presença, interações, brincadeiras, diversão, um dia para ficar nas boas lembranças do tempo de ser criança.

wavebreakmedia/Shutterstock.com

▶ Coisas legais para fazer nas férias com as crianças

Enfim as tão sonhadas férias chegaram e os pequenos estão superanimados para se divertir o quanto puderem! Entretanto, a família tem que arregaçar as mangas, soltar a criatividade e se virar nos trinta para entrar no clima da criançada que está cheia de energia. Pois é! Nem sempre férias significam descanso para quem tem criança pequena em casa. Além de, em muitos casos, as férias dos pais não coincidirem com as dos filhos. Por isso, para aqueles que conseguem uns dias de folga, surge o desafio de distrair junto durante o recesso. Mas calma... Se você não vai viajar e precisa urgentemente de ajuda para a diversão em casa, nós podemos ajudar. [...]

1. Visitar um amigo ou familiar querido

Que tal tirar uma tarde para visitar um amigo querido, a vovó, os tios ou a dinda? Assim, vocês podem tomar um café e matar a saudade. Afinal, nada mais gostoso do que passar o tempo com pessoas que amamos, não é?

2. Ir à biblioteca da cidade

Se vocês já têm o hábito de frequentar a biblioteca, basta escolher uma história bem legal para ler em casa com a família! Entretanto, caso nunca tenham visitado, é uma boa oportunidade para conhecer a biblioteca da cidade. Leitura nunca é demais!

3. Fazer uma sessão cinema

Vocês podem escolher os filmes favoritos do seu pequeno e fazer uma maratona de filmes! Então, é só preparar a pipoca e começar o cineminha! [...]

4. Desenhar e pintar

Hora de soltar a criatividade! Portanto, peguem lápis, papel, giz, tinta e tudo que tiverem em casa para brincar de artista.

[...]

5. Criar um brinquedo

Ainda na pegada "faça você mesmo", que tal fabricar um brinquedo com embalagens recicláveis? [...]

6. Fazer uma horta caseira

Essa é outra ideia superlegal! Além de passar um tempo com seu pequeno, fazer uma horta caseira traz muitos benefícios para ele e toda a família!

7. Cozinhar

Vocês podem escolher uma receita ou, até mesmo, fazer uma por dia! *Pizza*, bolo, sanduíches, panquecas! Assim, você vai descobrir que cozinhar com os pequenos pode ser um passatempo mais divertido do que você imagina! [...]

8. Dia da faxina

Ajudar nas tarefas domésticas é muito importante para o desenvolvimento do seu pequeno. Então, que tal unir o útil ao agradável e transformar o momento da faxina em pura diversão? Vale, também, colocar música e fazer brincadeiras enquanto deixam tudo bem limpinho!

9. Acampamento em casa

No quintal com barracas e lanternas, ou até mesmo na sala de casa com edredons e travesseiros. Com um pouco de imaginação, esse acampamento vai ser a maior aventura! [...]

10. Fazer um passeio ecológico

Além de divertido e saudável, vocês podem aproveitar para conhecer um lugar bem bonito da cidade, como parques e trilhas!

[...]

11. Começar uma coleção

Pode ser figurinhas, cartões, adesivos ou o que preferirem! Afinal, quem não adorava colecionar itens e objetos na infância?

12. Fazer um *tour* pela cidade

Vocês podem ir a lugares que nunca foram ou voltar aos seus lugares favoritos da cidade! Até o próprio trajeto já será divertido, seja de carro, a pé, bicicleta, metrô ou ônibus.

13. Fazer um desfile de modas

Que tal pegar as roupas do armário e fazer diferentes e divertidas combinações? Também pode ser muito engraçado!

14. Montar uma peça de teatro

Vocês podem criar uma história e interpretá-la de maneira divertida! Inclusive com direito a personagens, fantasias e cenários.

15. Contação de histórias

Outra ideia é pegar os livros favoritos do seu pequeno e fazer uma contação de histórias! Um pode contar a história para o outro! [...]

16. Fazer um *karaokê*

Cantar é sempre uma delícia! Por que não fazer um *karaokê* com as músicas preferidas?

17. Personalizar roupas

Que tal pegar aquelas roupas que estão esquecidas há algum tempo e customizá-las? Para isso vale pintar, cortar ou enfeitar com brilhos e fitas!

litts/Shutterstock.com

18. Piquenique

Vocês podem preparar lanchinhos gostosos e saudáveis e escolher um lugar bem bonito e agradável para fazer um piquenique. Também vale o quintal de casa!

19. Fazer artesanatos decorativos

Com um pouco de criatividade, vocês podem fazer enfeites para deixar os cômodos da casa com a cara da família também!

20. Pista de dança

Vocês vão ver como a sala de casa pode se tornar uma superpista de dança! Para isso, basta arrastar um pouco os móveis e colocar o som na caixa!

21. Fazer fantoches

Com meias, papel, caixas ou garrafas vocês podem fazer fantoches divertidos para brincar! [...]

22. Tirem fotos

Que tal uma sessão de fotos? Pode ser em casa ou durante algum passeio. Essa é uma ótima maneira de registrar as lembranças das férias.

23. Noite do pijama

Você pode convidar alguns amiguinhos ou os primos do seu pequeno para uma noite do pijama com muitas brincadeiras, filmes e jogos! [...]

OLIVEIRA, Ana Clara. 25 coisas legais para fazer nas férias com as crianças. *In*: OLIVEIRA, Ana Clara. *Blog da leiturinha*. [*S. l.*], 30 mar. 2020. Disponível em: https://leiturinha.com.br/blog/25-coisas-legais-para-fazer-nas-ferias-com-criancas/. Acesso em: 26 abr. 2020.

PROPOSTAS DE ATIVIDADES

Montem abaixo um registro de sua família em um dia diferente. Vale colar fotos ou desenhar!

Frame Art/Shutterstock.com

6 ALFABETIZAÇÃO E LETRAMENTO

Sabemos que a aprendizagem é diferente para cada criança e o tempo para aquisição da leitura e da escrita não é o mesmo para todos; porém, normalmente o processo de alfabetização e letramento gera ansiedade nos pais. É muito comum a angústia se traduzir na seguinte pergunta: "Quando meu filho vai ler?". São preocupações compreensíveis neste mundo moderno, onde as crianças são alfabetizadas cada dia mais cedo.

Segundo a Base Nacional Comum Curricular:

> Na Educação Infantil, a imersão na cultura escrita deve partir do que as crianças conhecem e das curiosidades que deixam transparecer. As experiências com a literatura infantil, propostas pelo educador, mediador entre os textos e as crianças, contribuem para o desenvolvimento do gosto pela leitura, do estímulo à imaginação e da ampliação do conhecimento de mundo. Além disso, o contato com histórias, contos, fábulas, poemas, cordéis etc. propicia a familiaridade com livros, com diferentes gêneros literários, a diferenciação entre ilustrações e escrita, a aprendizagem da direção da escrita e as formas corretas de manipulação de livros. Nesse convívio com textos escritos, as crianças vão construindo hipóteses sobre a escrita que se revelam, inicialmente, em rabiscos e garatujas e, à medida que vão conhecendo letras, em escritas espontâneas, não convencionais, mas já indicativas da compreensão da escrita como sistema de representação da língua.
>
> BRASIL. Ministério da Educação. *Base Nacional Comum Curricular*. Brasília, DF: Ministério da Educação, 2017. p. 42.

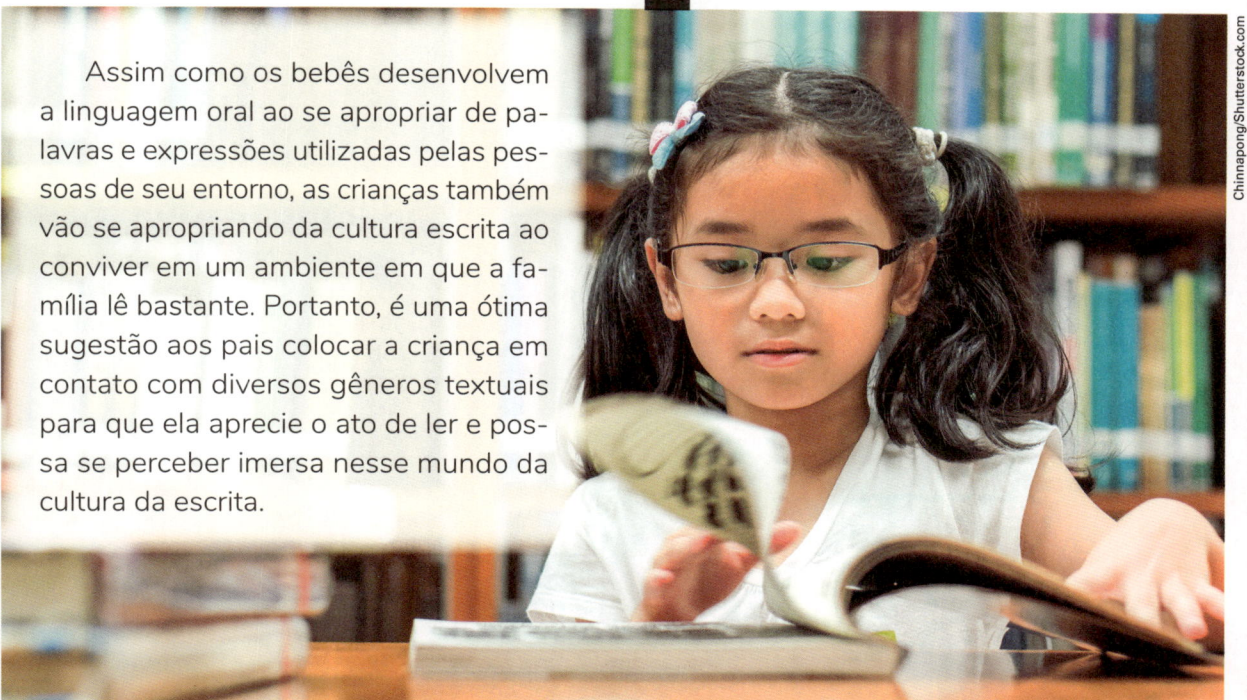

Assim como os bebês desenvolvem a linguagem oral ao se apropriar de palavras e expressões utilizadas pelas pessoas de seu entorno, as crianças também vão se apropriando da cultura escrita ao conviver em um ambiente em que a família lê bastante. Portanto, é uma ótima sugestão aos pais colocar a criança em contato com diversos gêneros textuais para que ela aprecie o ato de ler e possa se perceber imersa nesse mundo da cultura da escrita.

Chinnapong/Shutterstock.com

Níveis da escrita – Pré-silábico, silábico, silábico-alfabético e alfabético

Na fase de alfabetização, a criança passa por quatro níveis de escrita. Confira agora quais são esses níveis e como a criança se desenvolve neles.

Emília Ferreiro, uma psicóloga e pesquisadora, estudou por vários anos a teoria de Piaget. Ela buscava entender como um determinado sujeito aprende. O principal foco de suas pesquisas era descobrir se para aprender a escrever, o indivíduo utiliza dos mesmos recursos ativos e criativos estudados por Jean Piaget.

Por isso, nos anos 80, houve uma grande revolução sobre qual o conceito utilizado na hora de aprender a escrever. Em sua primeira obra, a autora relatou que antes mesmo de entrar para alguma escola, a criança já inicia o aprendizado da escrita.

Chinnapong/Shutterstock.com

Ferreiro ainda afirma que, a princípio, a escrita é apenas uma representação e que depois passa a ser codificada para a língua materna. Chegou-se então à conclusão de que, na evolução da escrita, a criança passa por algumas fases. Confira agora os níveis da escrita.

1. Nível pré-silábico

No nível pré-silábico, a criança percebe que a escrita representa o que é falado. Geralmente suas reproduções são feitas através de rabiscos e desenhos [...].

Coleção Particular

2. Nível silábico

No nível silábico, a criança passa a entender que existe uma correspondência entre as letras e o que é falado. Para ela, existe um traço representando o que é falado, mesmo que não seja o correto em relação à Língua Portuguesa. Cada sílaba possui uma letra.

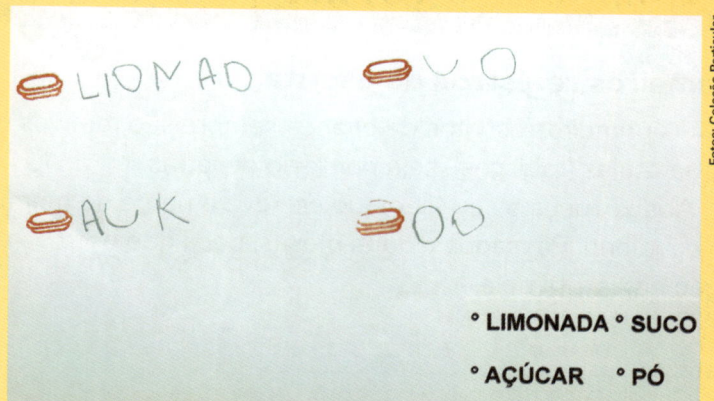

° LIMONADA ° SUCO

° AÇÚCAR ° PÓ

3. Nível silábico-alfabético

No nível silábico-alfabético, a criança passa a entender que as sílabas possuem mais de uma letra. Porém, para entender os fonemas, é importante que a criança também pratique sílabas só com uma letra intercalada com sílabas maiores.

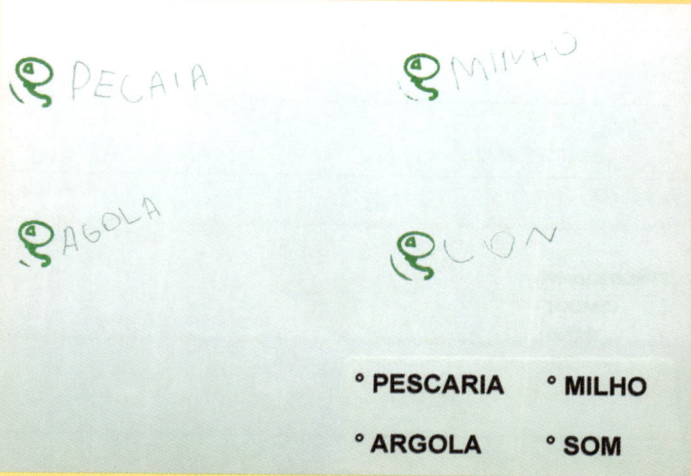

° PESCARIA   ° MILHO

° ARGOLA   ° SOM

4. Nível alfabético

Nessa última fase, nomeada como nível alfabético, a criança já consegue reproduzir adequadamente todos os fonemas de uma palavra. Ela passa então a perceber o valor das letras e sílabas.

BOLO	PITCA
BEXGA	COXINHA
COFEATE	FAITAZIA
BRIGADERO	VELA

ARAÚJO, Izaura. Níveis da escrita [...]. *Escola Educação*, [s. l.], [20--]. Disponível em: https://escolaeducacao.com.br/niveis-da-escrita/. Acesso em: 26 abr. 2020.

PROPOSTAS DE ATIVIDADES

Primeiros registros de escrita

Os primeiros escritos da criança sempre são motivos de alegria para a família, seja por meio de garatujas (rabiscos), seja por meio de letras.

Abaixo, peça a seu filho que escreva o nome de membros de sua família ou outras palavras do cotidiano. Passados alguns meses, peça que escreva as mesmas palavras e compare a evolução na escrita dele.

Data: ________ / ________ / ________

Data: ________ / ________ / ________

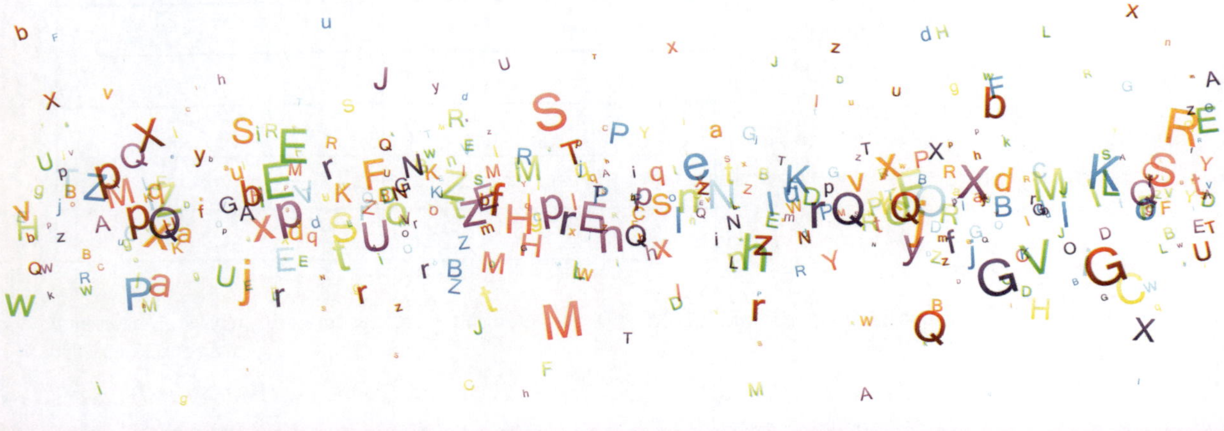

Vjom/Shutterstock.com

7 EDUCAÇÃO FINANCEIRA E SUSTENTABILIDADE

No ano de 2018, a Base Nacional Comum Curricular (BNCC), reconhecendo a importância do tema, estabeleceu como matéria obrigatória a educação financeira e a educação de consumo. Assim, fica a pergunta: Como podemos fazer para dar uma boa educação financeira para nossos filhos?

Quando as crianças ainda são muito pequenas, temos receio de ensiná-las a lidar com dinheiro. Contudo, os pais precisam entender que eles não serão eternos provedores, e, assim, quanto mais cedo assumirem o papel de mostrar o caminho para que os filhos saibam usufruir de seu dinheiro de forma consciente, melhor.

Diante de um cenário de consumismo desenfreado e irracional, de uma população endividada e de grande parte das pessoas frustrada por não conseguir realizar seus sonhos financeiros, ensinar os pequenos a lidar com dinheiro se torna indispensável – além de ser um desafio.

Prostock-studio/Shutterstock.com

 **Para ler**

Finanças é coisa de criança!, de Ana Pregardier (Intus Forma, 2018).
Esse é um livro prático, pensado para ser usado por pais ou educadores que queiram ensinar educação financeira a seus filhos. As atividades estão descritas de forma a serem desenvolvidas com crianças de 4 a 6 anos de idade. Ele está disponível para *download* em: www.sicredi.com.br/sites/educacaofinanceira/uploads/1556119274-09-e-book-financas-e-coisa-de-crianca.pdf (acesso em: 26 abr. 2020).

"Finanças é coisa de criança!" por Ana Pregardier, Intus Forma, 2018

▶ Dicas para trabalhar a educação financeira com crianças

Mesada

A mesada ainda é a forma mais famosa e tradicional para inserir os filhos no mundo das finanças.

Ela é uma boa alternativa para ensinar as crianças a administrarem o próprio dinheiro e ajuda principalmente na hora em que forem receber o seu primeiro salário, evitando que gastem tudo por impulso.

Anotar os gastos

Você provavelmente sabe que, quando adulto, uma das principais dicas para se organizar financeiramente é fazer uma planilha e anotar todos os gastos.

Isso também é indicado para crianças!

Encoraje o seu filho a sempre anotar o que gastou de sua mesada para visualizar no fim do mês quanto ele conseguiu economizar. Esse será um aprendizado importantíssimo para o seu futuro e estimulará a criação de uma poupança [...].

Objetivos

Ensine a criança a ter objetivos e estimule-a a realizar os sonhos dela.

Se sua filha deseja ganhar uma boneca, por exemplo, tente incentivá-la a juntar todo o valor ou uma parte dele e compre o brinquedo apenas quando o dinheiro combinado for suficiente.

A criança sentirá na pele o benefício de se organizar, economizar e terá uma recompensa ao realizar um sonho, com o devido planejamento e esforço.

Delegue tarefas

Dê um dinheiro para a criança e peça que ela vá, por exemplo, comprar um lanche e volte com o troco.

Essa simples tarefa ajuda a criança a trabalhar a responsabilidade, se sentir importante e entrar em contato com o mundo das finanças.

Ensine brincando

Ensinar finanças para crianças por meio de brincadeiras é infalível. E você pode fazer isso até mesmo com jogos de tabuleiro.

Ao brincar com as crianças seguindo as regras do jogo, elas aprenderão que há regras a serem respeitadas.

E nada de deixá-los ganhar! Eles precisam aprender que – não só no jogo, mas na vida – às vezes ganharão e às vezes perderão [...].

Deixe errar

E se eles quiserem gastar a mesada com algo que você não concorda?

Tente não se meter no assunto!

Pode ser difícil ver a criança usar o dinheiro de uma forma que você considera que não é a melhor, mas é importante deixá-la fazer suas escolhas por si só.

Mesmo que façam escolhas ruins, isso ajudará a se policiarem melhor das próximas vezes e diminuirá a probabilidade de que cometam os mesmos erros na vida adulta.

LEITÃO, Victor. Entenda como ensinar educação financeira para crianças. *In*: LEITÃO, Victor. *Blog Mobills*. [*S. l.*], 14 mar. 2018. Disponível em: https://blog.mobills.com.br/educacao-financeira-para-criancas/. Acesso em: 26 abr. 2020.

Educação financeira e sustentabilidade caminham juntas

[...] Alguns assuntos, quando não aprendemos desde pequenos, fazem falta durante a vida; educação financeira e sustentabilidade são dois deles. Aspectos como poupar antes de gastar, reaproveitar produtos e conservar o meio ambiente devem ser introduzidos na rotina das crianças, para que, no futuro, tenhamos gerações mais conscientes e sustentáveis.

Os conceitos de ambos os temas estão diretamente relacionados com os 5Rs, a partir dos quais se aprende como simples ações diárias podem reduzir os impactos sobre o planeta. São eles:

- Repensar os hábitos de consumo e descarte.
- Recusar produtos que prejudicam o meio ambiente e a saúde.
- Reduzir o consumo desnecessário.
- Reutilizar ao máximo antes de descartar.
- Reciclar materiais.

[...] Se as pessoas entenderem que se deve repensar o comportamento com relação ao uso do dinheiro, recusar comprar apenas por apelos publicitários, reduzir os impulsos consumistas e começar a reutilizar e reciclar produtos, também haverá reflexo direto nas finanças, havendo uma diminuição dos gastos supérfluos. [...]

Para quem tem filhos, é de extrema importância procurar transmitir esses hábitos a eles, para que cresçam com a noção de responsabilidade social, constituindo uma sociedade mais sustentável – também financeiramente.

DOMINGOS, Reinaldo. Educação financeira e sustentabilidade caminham juntas. *Infomoney*, [*s. l.*], 5 dez. 2013. Disponível em: www.infomoney.com.br/colunistas/financas-em-casa/educacao-financeira-e-sustentabilidade-caminham-juntas/. Acesso em: 26 abr. 2020.

Para ler

Como se fosse dinheiro, de Ruth Rocha (Salamandra, 2010).

Esse livro pode ser uma lição de responsabilidade sobre o real valor da moeda para a criança. A história se baseia em um dono de lanchonete de uma escola que usa balas e chicletes para dar de troco aos alunos, dizendo que as guloseimas são "como se fosse dinheiro". A narrativa se desenrola quando as crianças passam a acreditar na frase e a levar diversos itens diferentes para pagar os lanches na escola, o que causa desconforto ao proprietário do negócio.

A menina, o cofrinho e a vovó, de Cora Coralina (Global, 2009).

Uma menina e sua avó. Mesmo distantes, que tesouros elas trocam? A história conta como uma avó trabalhadeira recebeu um presente simples e generoso da neta – um presente que ajudou a avó a realizar seu sonho. E, como entre avós e netos a moeda de troca é variada, como será que a avó agradeceu?

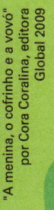

PROPOSTAS DE ATIVIDADES

Que tal convidar seu filho para, juntos, pouparem dinheiro em um cofrinho e depois comprarem uma coisa que desejam muito?

Pensem juntos e respondam:

▼ O que queremos comprar?

_____

_____

▼ Quanto tempo temos para juntar dinheiro?

_____

_____

▼ Como conseguiremos dinheiro?

_____

_____

Desenhem abaixo a conquista de vocês.

REFLEXÃO FINAL:
PARA EDUCAR UM FILHO

Era uma sessão de terapia. "Não tenho tempo para educar a minha filha", ela disse. Um psicanalista ortodoxo tomaria essa deixa como um caminho para a exploração do inconsciente da cliente. Ali estava um fio solto no tecido da ansiedade materna. Era só puxar um fio... Culpa. Ansiedade e culpa nos levariam para os sinistros subterrâneos da alma. Mas eu nunca fui ortodoxo. Sempre caminhei ao contrário na religião, na psicanálise, na universidade, na política, o que me tem valido não poucas complicações. O fato é que eu tenho um lado bruto, igual àquele do Analista de Bagé. Não puxei o fio solto dela. Ofereci-lhe meu próprio fio. "Eu nunca eduquei meus filhos...", eu disse. Ela fez uma pausa perplexa. Deve ter pensado: "Mas que psicanalista é esse que não educa os seus filhos?". "Nunca educou seus filhos?", perguntou. Respondi: "Não, nunca. Eu só vivi com eles". Essa memória antiga saiu da sombra quando uma jornalista, que preparava um artigo dirigido aos pais, me perguntou: "Que conselho o senhor daria aos pais?". Respondi: "Nenhum. Não dou conselhos. Apenas diria: a infância é muito curta. Muito mais cedo do que se imagina os filhos crescerão e baterão as asas. Já não nos darão ouvidos. Já não serão nossos. No curto tempo da infância há apenas uma coisa a ser feita: viver com eles, viver gostoso com eles. Sem currículo. A vida é o currículo. Vivendo juntos, pais e filhos aprendem. A coisa mais importante a ser aprendida nada tem a ver com informações. Conheço pessoas bem informadas que são idiotas perfeitos. O que se ensina é o espaço manso e curioso que é criado pela relação lúdica entre pais e filhos". Ensina-se um mundo! Vi, numa manhã de sábado, num parquinho, uma cena triste: um pai levara o filho para brincar. Com a mão esquerda empurrava o balanço. Com a mão direita segurava o jornal que estava lendo... Em poucos anos, sua mão esquerda estará vazia. Em compensação, ele terá duas mãos para segurar o jornal".

ALVES, Rubem. *Ostra feliz não faz pérola*. 2. ed. São Paulo: Planeta, 2014. p. 113-114.

Flashon Studio/Shutterstock.com

MENSAGEM FINAL DOS PAIS

_____

_____

_____

_____

_____

_____

_____

_____